AF574913

¡GRANDES RÉCORDS!

Edición sénior Chris Hawkes, Scarlett O'Hara, Fleur Star
Diseño sénior Sheila Collins
Diseño Kit Lane
Asistencia de diseño David Ball
Ilustración Adam Benton; Stuart Jackson-Carter; Jon @ KJA Artists; Simon Mumford; Peter Bull; Nigel Wright @ XAB Design; Dynamo Ltd; Square Egg
Retoque creativo Steve Crozier
Documentación iconográfica Sakshi Saluja

Diseño de cubierta Surabhi Wadhwa-Gandhi
Dirección de desarrollo del diseño de cubierta Sophia M Tampakopoulos Turner
Diseño de cubierta Juhi Sheth
Diseño DTP Rakesh Kumar
Coordinación editorial de cubierta Priyanka Sharma
Editor ejecutivo de cubierta Saloni Singh

Producción (preproducción) David Almond
Producción sénior Angela Graef

Edición ejecutiva de arte Philip Letsu
Edición ejecutiva Francesca Baines
Dirección editorial Andrew Macintyre
Dirección de arte Phil Ormerod
Subdirección editorial Liz Wheeler
Dirección general editorial Jonathan Metcalf

Servicios editoriales Tinta Simpàtica
Traducción Ruben Giró i Anglada

Publicado originalmente en Gran Bretaña en 2018 por Dorling Kindersley Limited, 80 Strand, London, WC2R 0RL
Parte de Penguin Random House

Título original: *Record Breakers!*
Primera edición: 2019

ISBN: 978-1-4654-8283-9

Impreso en China

www.dkespañol.com

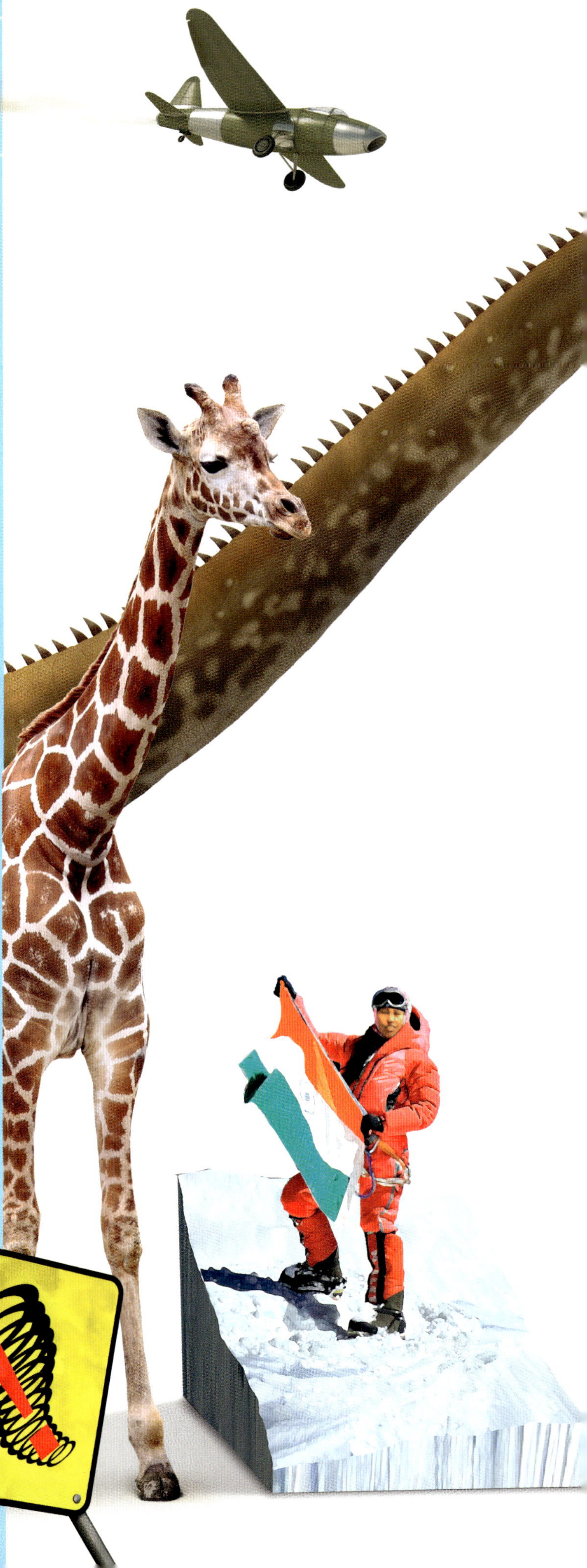

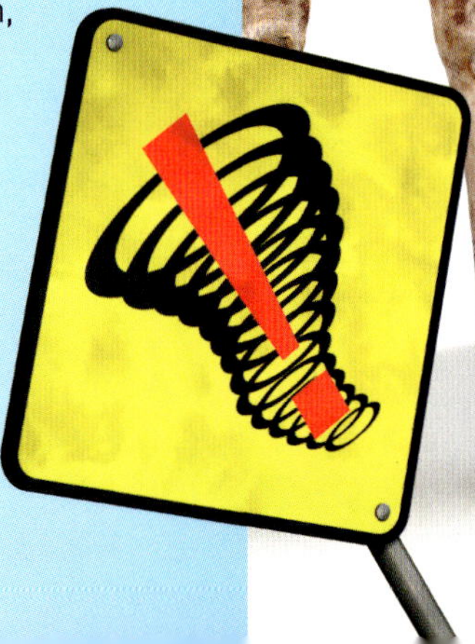

¡GRANDES
RÉCORDS!

CONTENIDOS

Planeta Tierra

Poder humano

Proezas deportivas

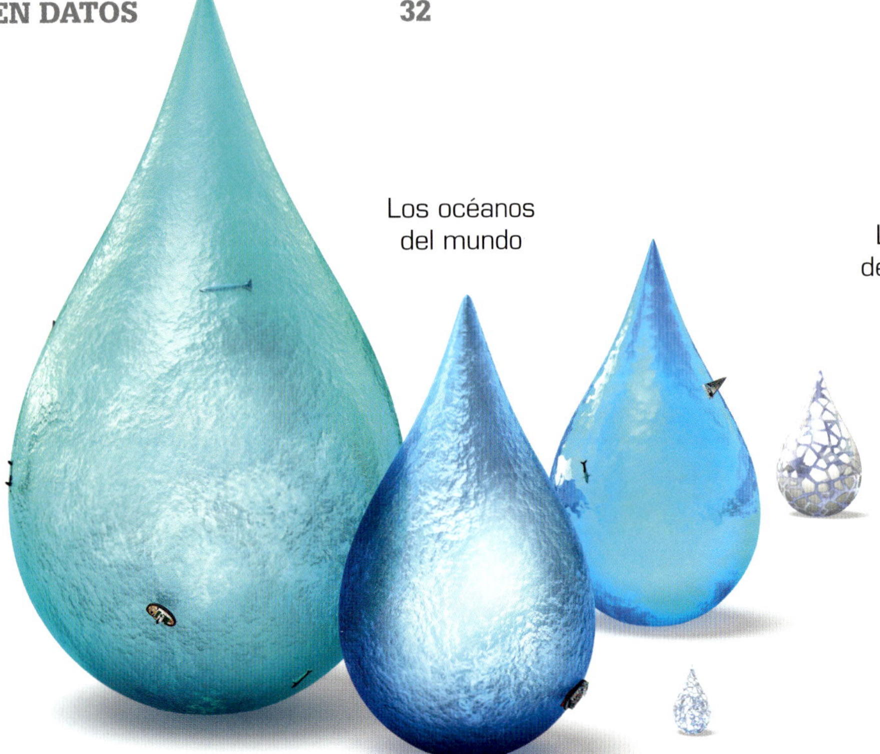

Los océanos del mundo

El rey Luis XIX de Francia

Hazañas de la ingeniería

Planeta vivo

El mundo exterior

Carpincho

Jerbo pigmeo

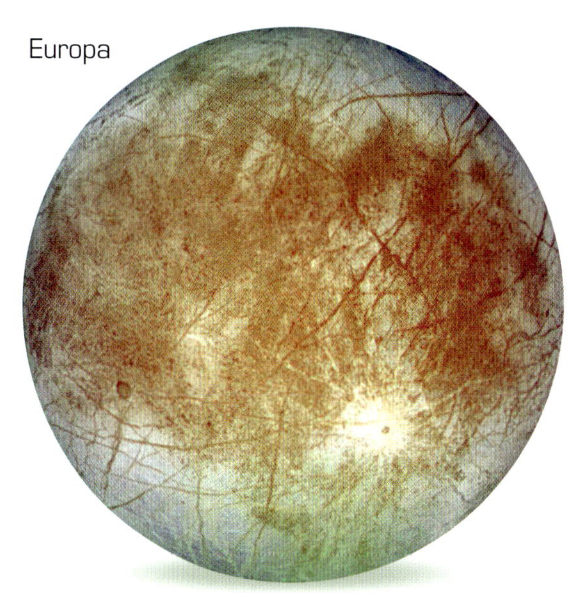

Europa

Planeta Tierra

La naturaleza es la protagonista principal de los espectáculos más impresionantes del planeta. Desde tormentas eléctricas y erupciones volcánicas hasta violentos tornados e increíbles océanos, esta vuelta al mundo en busca de sus récords nos muestra la naturaleza en su máximo esplendor.

La electricidad de los rayos ilumina el cielo sobre el lago Maracaibo, en Venezuela, un promedio de 260 días al año. Aquí se producen 250 impactos por km^2, la mayor densidad de toda la Tierra. Algunas noches el lago puede llegar a recibir hasta 1000 descargas en una hora.

¿En qué lugar?

¡Es un planeta increíble! Sus condiciones son casi siempre **las ideales para la vida**, pero en algunos lugares hace un calor asfixiante, una humedad extrema o hay **nieves perpetuas**.

La Tierra tiene paisajes muy diversos, desde los agrestes picos de montaña o las secas salinas hasta los gélidos desiertos polares o el cálido terreno volcánico. Aquí tienes algunos de los lugares más extremos del planeta.

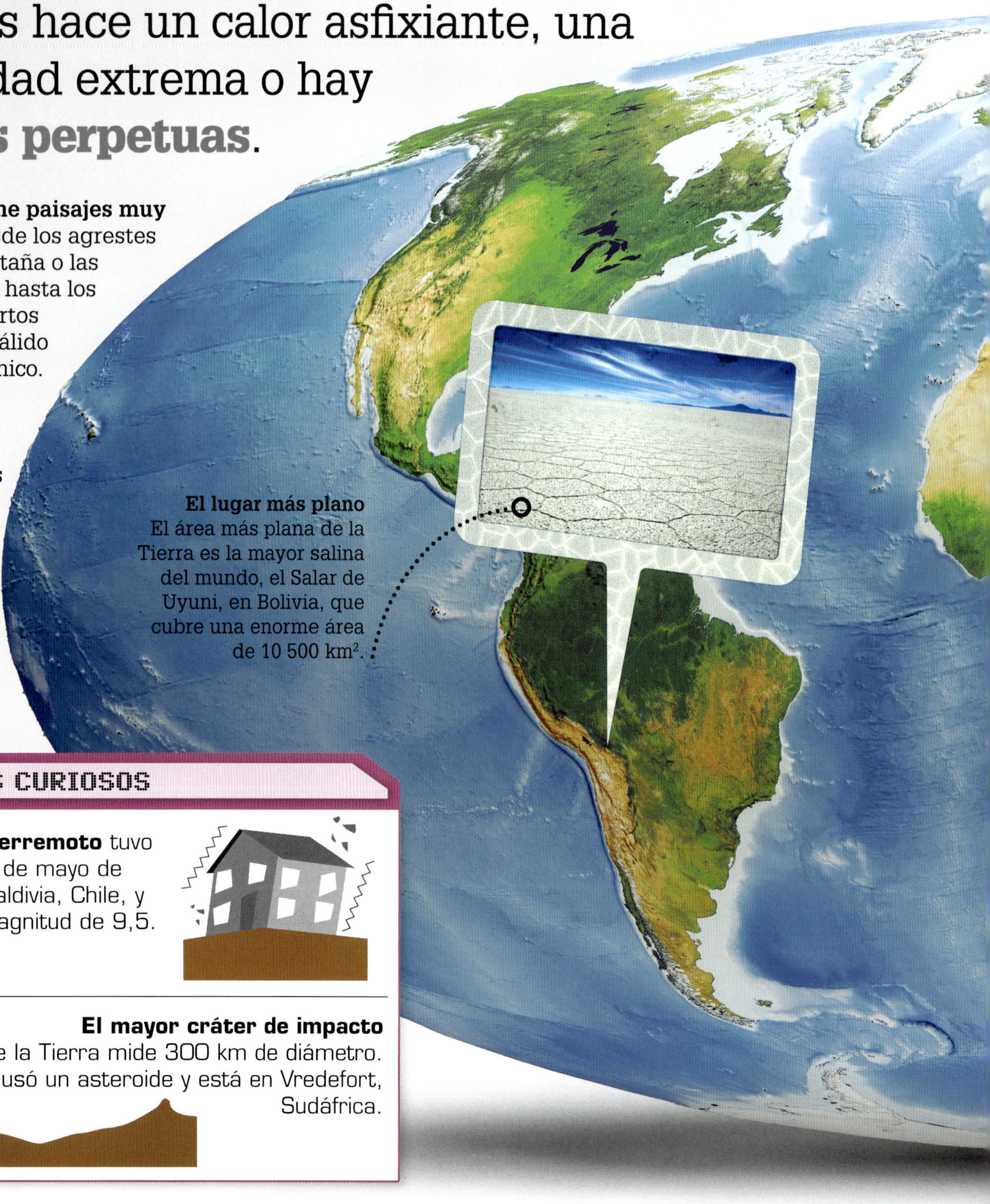

El lugar más plano
El área más plana de la Tierra es la mayor salina del mundo, el Salar de Uyuni, en Bolivia, que cubre una enorme área de 10 500 km².

DATOS CURIOSOS

El mayor terremoto tuvo lugar el 22 de mayo de 1960 en Valdivia, Chile, y tuvo una magnitud de 9,5.

El mayor cráter de impacto de la Tierra mide 300 km de diámetro. Lo causó un asteroide y está en Vredefort, Sudáfrica.

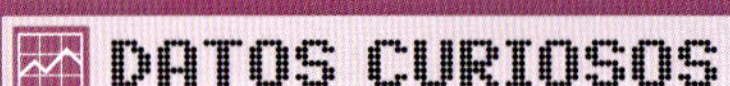

El lugar más cálido
La mayor temperatura media del mundo se da en Dallol, Etiopía, con unos infernales 35 °C. Por si no hiciera calor suficiente, allí hay también un volcán.

El lugar más húmedo
El área de Mawsynram, en el norte de la India, recibe una media de 1187 cm anuales de lluvia. En la vecina ciudad de Cherrapunji la precipitación anual llegó a 2647 cm en 1861.

El lugar donde nieva más
En 1927 cayeron 1182 cm de nieve, todo un récord, en el monte Ibuki, Japón.

La fosa de las Marianas es el lugar más profundo: 11 km por debajo del nivel del mar.

El lugar más seco
En los valles secos de McMurdo, Antártida, no ha caído ni una gota de lluvia en los últimos dos millones de años.

El lugar más frío
El 1 de julio de 1983, la estación de investigación Vostok de la Antártida registró una temperatura de –89,2 °C.

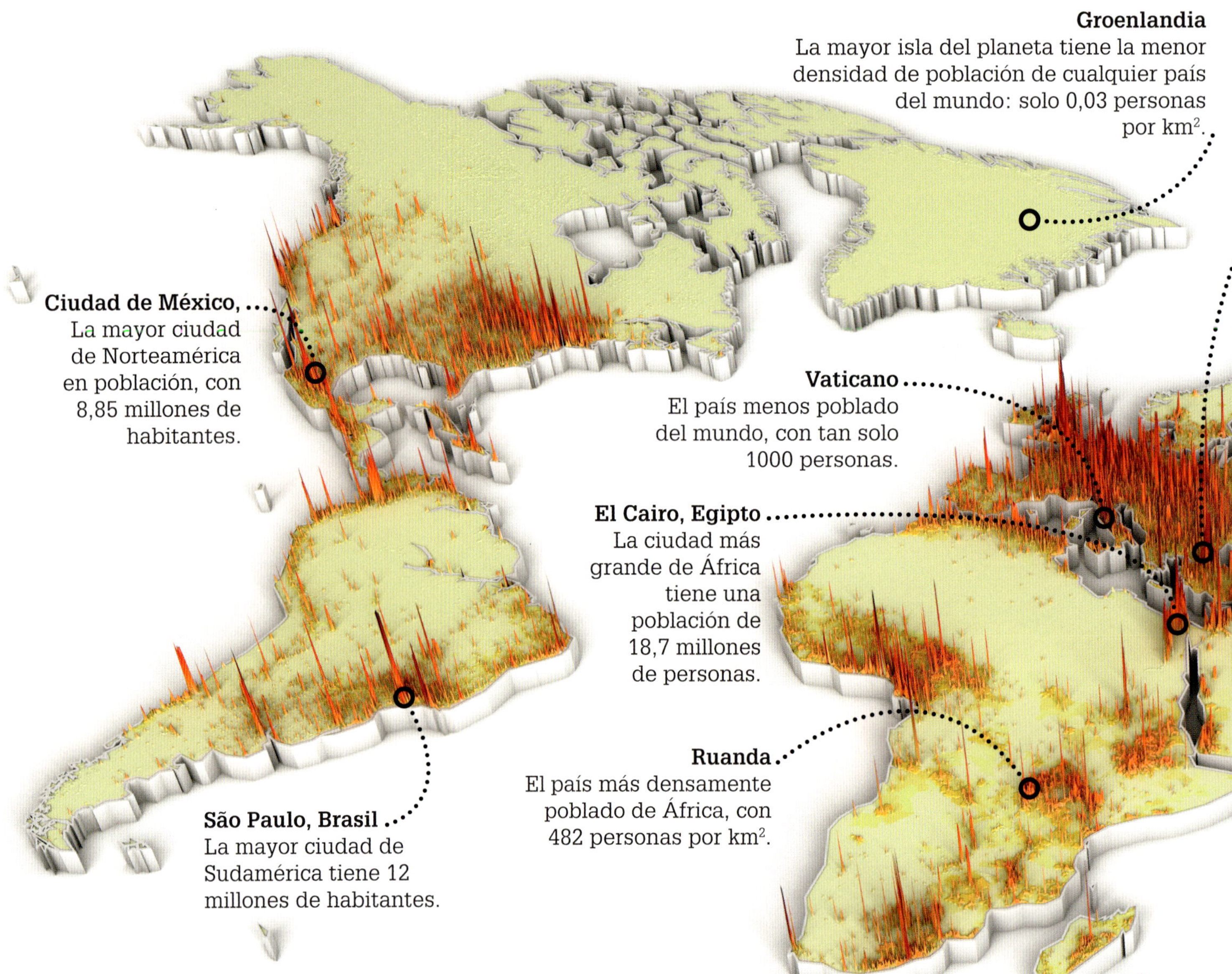

¿Dónde vive todo el mundo?

Se calcula que la **población del mundo** es de unos **7405 millones de personas**. Pero ¿cuáles son los **países con mayor densidad de población** y dónde están las ciudades **más pobladas del planeta**?

Estambul, Turquía
Con una población de 14,7 millones de personas, se considera la ciudad más grande de Europa, a pesar de tener un pie en Asia.

BIEN APIÑADOS

Macao, una Región Administrativa Especial de China, es el país con mayor densidad de población de la Tierra. Tiene una población de 648 500 personas, con 22 998 habitantes por km².

Este mapa ilustra dónde vive la gente en la Tierra. La altura de cada columna representa el número de personas que viven en un área concreta. El sudeste asiático, el subcontinente indio y Europa septentrional son las zonas con mayor densidad de población del mundo.

India
Es el segundo del mundo en población (1281 millones de personas), pero se calcula que será el primer país en 2028.

China
El país más poblado del mundo aloja 1379 millones de personas, aproximadamente una quinta parte de la población total del planeta.

Shanghái, China
Vive más gente dentro de los límites de esta ciudad (24,3 millones) que en cualquier otra ciudad de la Tierra.

Java
Esta isla, que forma parte de Indonesia, es la más poblada del mundo, con 139,4 millones de personas.

Casi dos tercios de la población del mundo vive en Asia.

Sídney, Australia
La mayor ciudad de Australasia y Oceanía tiene una población de 4,9 millones de personas.

MEGACIUDAD

Situada en el delta del río Yangtsé de la costa noreste de China, Shanghái es un importante centro económico global y la sede del puerto de carga con más tráfico del mundo. También tiene más personas viviendo dentro de sus límites que cualquier otra ciudad del mundo: unos apabullantes 24,3 millones de habitantes.

Aunque las erupciones pueden ser letales, a veces sus efectos posteriores son más problemáticos. Las grandes nubes de ceniza tapan el Sol, cambian el clima y provocan hambrunas por la falta de cultivos.

La erupción más atronadora
La erupción del Krakatoa en 1883 fue el mayor ruido de la historia de la Tierra: se oyó a 5000 km.

La más duradera
El monte Estrómboli, en la isla del mismo nombre, en Italia, lleva en erupción como mínimo 2700 años.

La más letal
Al explotar en 1815 el Tambora, Indonesia, murieron 70 000 personas, muchas por la pérdida de cosechas.

Volcanes violentos

Tormentosas **explosiones**, ardiente **lava**, asfixiantes **nubes de ceniza**... todos los volcanes son **peligrosos**, pero ¿cuáles son los más **extremos**?

De los **1500 volcanes potencialmente activos**, hay siempre **20 en erupción**.

La erupción más larga
El monte Toba entró en erupción hace unos 75 000 años en una explosión 100 veces mayor que la del Tambora en 1815. Escupió unos 2800 km³ de material.

El flujo de lava más rápido
El monte Nyiragongo, en la República Democrática del Congo, tiene el mayor lago de lava, que en 1977 causó el flujo de lava más rápido: 60 km/h.

DATOS CURIOSOS

Los países con más volcanes son EE. UU. (173) y Rusia (166). Ambos son países grandes, pero el motivo principal de que tengan tantos volcanes es que lindan con el «Cinturón de fuego», una línea imaginaria alrededor del océano Pacífico donde están la mayoría de los volcanes. La línea también cruza Indonesia, Japón y Chile.

País	Volcanes
EE. UU.	173
Rusia	166
Indonesia	139
Japón	112
Chile	104

¡Vaya gema!

Aquí tienes una colección de las más bonitas **piedras preciosas**. Algunas son **muy valiosas** porque son enormes, otras son **raras** y se han **tallado** para hacer destacar su belleza.

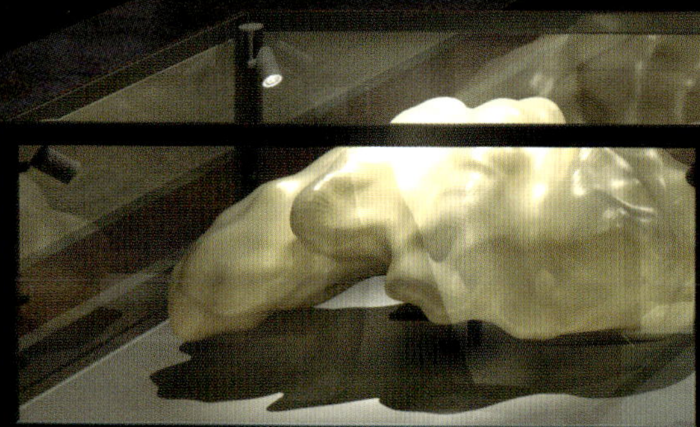

La mayor perla encontrada
Un pescador de Filipinas descubrió esta gigante perla de 34 kg en 2006. Se cree que salió de una almeja gigante.

La gema más cara
El precioso diamante rosa Pink Star se subastó en 2017 nada menos que por 71,2 millones de dólares. Esta piedra de calidad prístina pesa 59,6 quilates.

El mayor zafiro estrella azul
Esta gema ovalada se halló en Sri Lanka en 2015. Cuando se ilumina, presenta una estrella de seis puntas. Pesa 1404,49 quilates y se denomina Estrella de Adán.

El mayor ópalo del mundo
Esta pieza gigante de ópalo salió de una mina del sur de Australia en 1956. Se apodó Olympic Australis y pesa 17 000 quilates.

La mayor pepita de oro
Dos mineros descubrieron esta pepita, de nombre Welcome Stranger, en Victoria, Australia, en 1869. Pesa 66 kg.

El mayor diamante tallado
Esta enorme piedra amarilla de nombre Golden Jubilee se halló en una mina de diamantes de Sudáfrica en 1985. Se talló en forma de un brillante de 545,67 quilates.

DATOS CURIOSOS

En general las gemas se pesan en quilates. Un quilate equivale más o menos al peso de una gota de agua. Algunas gemas gigantes pesan como un pájaro o un animal pequeño.

1 quilate 0,2 g  Una gota de agua

50 quilates 10 g  Dos colibrís

100 quilates 20 g  Golondrina

1000 quilates 200 g  Ardilla roja americana

5000 quilates 1000 g  Hurón patinegro

10 000 quilates 2000 g  Lémur de cola anillada

¡Tornado!

Girando sobre el suelo hasta los **110 km/h** y llegando hasta las **nubes**, un potente **tornado aspira** todo lo que encuentra y provoca así una gran **devastación**.

Un tornado se forma cuando el aire cálido y húmedo del suelo entra en contacto con el aire frío y seco de las alturas, de manera que el aire cálido sube en forma de columna giratoria. Los tornados grandes pueden girar incluso a 480 km/h, tener 4 km de ancho y durar 30 minutos mientras barren el paisaje y destruyen cualquier cosa que se les ponga por delante.

El viento más rápido
Durante un tornado en 1999 en Oklahoma, EE. UU., la velocidad del viento en el interior del remolino llegó a 484 km/h a 100 m del suelo.

Oklahoma City

CAZATORMENTAS

El peligroso pasatiempo de los cazadores de tormentas consiste en detectar, seguir... y fotografiar tormentas y huracanes. Al estadounidense David Hoadley se le considera el pionero de esta especialidad: empezó en 1956 y ha visto más de 230 tornados.

El tornado más letal
En Bangladés, en abril de 1989, el tornado Daulatpur-Saturia destruyó 6 km^2 de árboles y casas, y causó 1300 muertos y miles de heridos.

El tornado más largo duró 3,5 horas y azotó 352 km a través de tres estados de EE. UU. en 1925.

La mayor distancia dentro de un tornado
El 12 de marzo de 2006 un tornado que azotaba Misuri, EE. UU., absorbió un camión con su conductor, Matt Suter, dentro. Lo hizo volar 398 m antes de devolverlo al suelo. Matt sobrevivió.

Más tornados
En 2011 un «superestallido» de tornados afectó a 21 estados de EE. UU. y el sur de Canadá. Hubo un total de 362 tornados en 72 horas, que causaron daños por valor de 11 000 millones de dólares.

El tornado con la ruta más ancha
En 2013, el tornado El Reno dejó un rastro de 4,2 km de ancho en Oklahoma, EE. UU. Oficialmente es el más ancho registrado.

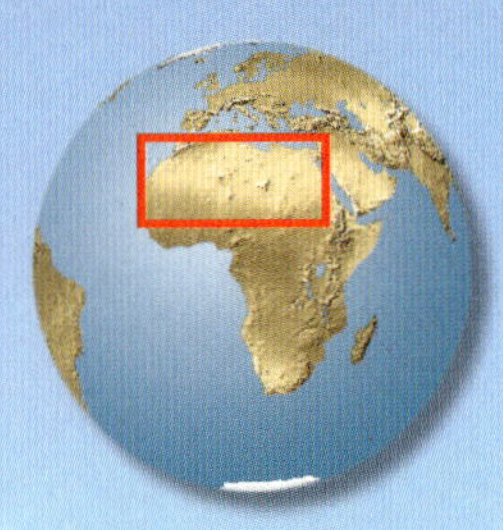

Desierto más caliente
Sahara

La temperatura terrestre máxima de la historia se registró en el desierto del Sahara, en el norte de África: 57,7 °C, en El Azizia, Libia, el 22 de septiembre de 1922.

Desierto más seco
Atacama

Hay estaciones meteorológicas en el desierto de Atacama, Chile, que no han registrado nunca ni una gota de lluvia. El promedio anual de precipitación es de 15 mm.

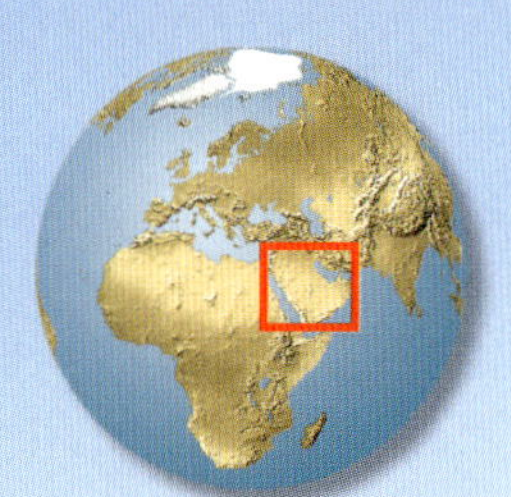

Mayor desierto de arena
Rub' al-Jali

También conocido como el Cuadrante vacío, el Rub' al-Jali, que forma parte del desierto de Arabia, es el mayor desierto de arena continua del mundo.

Mayor desierto
Antártida

El desierto antártico es el más grande del mundo. Cubre 14,2 millones de km^2, más de 1,5 veces el tamaño del desierto del Sahara.

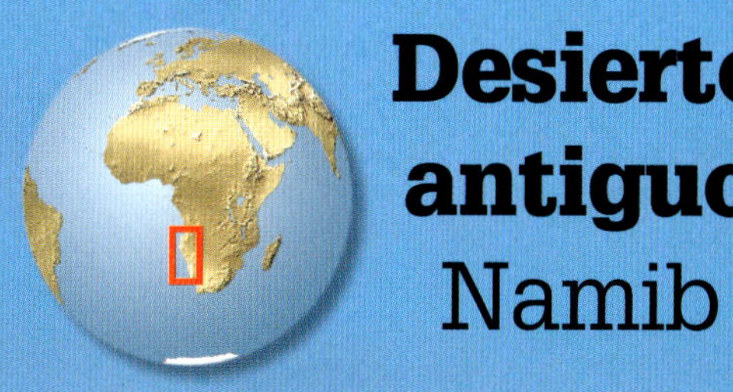

Desierto antiguo
Namib

Tras soportar condiciones áridas entre 55 y 80 millones de años, el desierto del Namib, al sur de África, es considerado el más antiguo del mundo.

Desiertos

Un **desierto** es un lugar que recibe **menos de 25 cm de lluvia** anuales. Pero no todos los desiertos son calurosos. El **mayor desierto del mundo** está en la gélida **Antártida**.

Existen desiertos en todos y cada uno de los continentes y cubren más de una quinta parte de la tierra firme del planeta. Curiosamente, solo el 10 % de los desiertos del mundo son de arena.

OCÉANO DE ARENA

El Rub' al-Jali, también conocido como el Cuadrante vacío, es la mayor área de arena continua del mundo. Forma parte del desierto de Arabia y cubre 650 000 km^2, más que las superficies de Francia, Alemania y España juntas.

Por todo **lo alto**

El Everest es quizá la **montaña más alta** del mundo, pero hay una gran cantidad de **picos de récord** por ahí.

Las caídas de rocas y la hipotermia son dos de los muchos riesgos de escalar montañas, y no exclusivamente los picos más altos. La altura del Mont-Blanc, en la frontera entre Francia e Italia, quizá solo es de 4810 m, pero se ha cobrado la vida de 8000 excursionistas y alpinistas.

La escalada más letal
El Annapurna, en Nepal, es la décima montaña más alta del mundo, pero la más letal respecto de las personas que la han coronado: lo han logrado menos de 200 alpinistas; uno de cada tres muere en el intento.

Annapurna
8091 m

Gangkhar Puensum
7570 m

La montaña más alta sin coronar
Nadie ha pisado la cumbre del Gangkhar Puensum, en Bután, pese a que se ha intentado varias veces. En 1994 se cerró el acceso de los alpinistas a todas las montañas de Bután de más de 6000 m para respetar la religión local.

Es probable que el **Gangkhar Puensum**, en Bután, nunca **se corone**.

La montaña más escalada
Cada año, en julio y agosto (temporada oficial), más de 300 000 personas suben los 3776 m del monte Fuji, cerca de Tokio, Japón.

DATOS CURIOSOS

Las «siete cumbres» son las montañas más altas de cada placa continental. El Everest es casi 2000 m más alto que el segundo, el Aconcagua. Aunque el Puncak Jaya está en Indonesia, está situado sobre la placa continental australiana.

La cafetería más alta del mundo
La cafetería Rinchen está a 5602 m sobre el nivel del mar en el paso de Khardung, en la parte india del Himalaya.

¡Menuda **mina**!

La mina del cañón de Bingham, en Utah, EE. UU., es un **enorme cráter** de 970 m de profundidad y más de **4 km de ancho**. La mina produce **cobre**, oro, plata y molibdeno.

En 2013 sufrió el mayor corrimiento de tierras no volcánico de Norteamérica.

Vehículos mineros
Esta minúscula mota en realidad es una de las grandes excavadoras usadas en los escarpados laterales de la mina.

DATOS CURIOSOS

Estas son las excavaciones más profundas de la Tierra en comparación con la fosa submarina más profunda y la montaña más alta.

El agujero artificial más profundo es el Pozo superprofundo de Kola, en Rusia. Se inició en 1970 y llegó a una profundidad de 12,3 km en 1989.

La mina de oro Mponeng, en Sudáfrica, es la más profunda del mundo.

El testigo de hielo más profundo (3,6 km) se perforó en la base Vostok, Antártida.

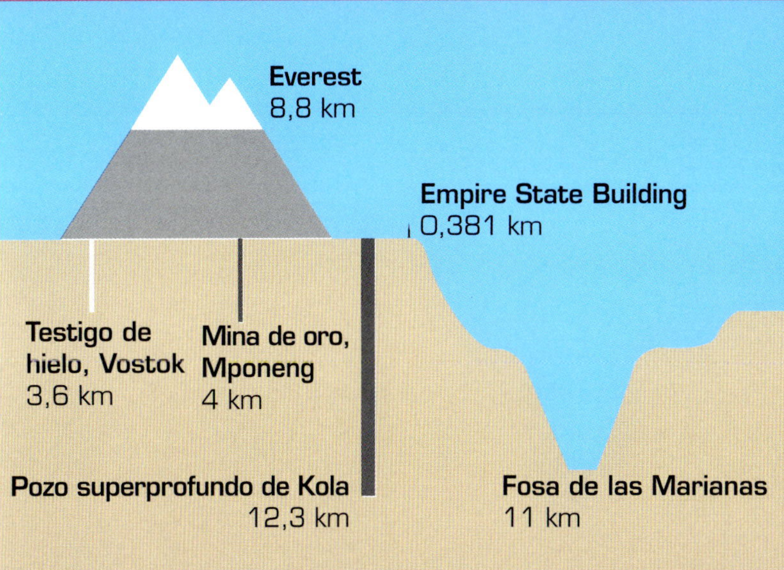

Mundo de agua

La Tierra es un **planeta azul**, más de **dos tercios** de su superficie están cubiertos de **agua**. Estos **océanos** contienen **el 97 %** de toda nuestra **agua**. Sumérgete para descubrir los océanos **que olean** por el mundo.

Los cinco océanos son el Pacífico, el Atlántico, el Índico, el Antártico y el Ártico. Están todos conectados alrededor de los siete continentes, por lo que en realidad forman un gran océano que cubre el mundo entero.

Océano Pacífico

669 880 000 km³

El Pacífico es el océano más grande: contiene más de la mitad del agua de mar del mundo. Todos los continentes de la Tierra cabrían dentro de la cuenca pacífica. También es el océano más profundo. Además, el 75 % de los volcanes del mundo están en sus aguas.

MAR EN RETROCESO

El mar de Aral, que realmente es un lago de agua dulce en Asia central, había sido el cuarto lago más grande del mundo, pero cada vez es más pequeño. En 2014, su cuenca oriental (a la derecha de la imagen) se secó, se supone que por primera vez en 600 años.

El océano Pacífico contiene más agua que el resto de los océanos juntos.

DATOS CURIOSOS

Las zonas más profundas de los océanos se ven en este gráfico. La fosa de las Marianas, en el Pacífico, es el punto más profundo de la Tierra: si se colocará el Everest en su interior, la cumbre aún quedaría más de 2 km por debajo de la superficie del océano.

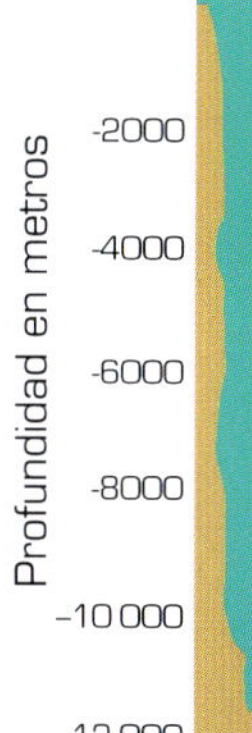

Océano Atlántico

310 410 900 km³

Justo por detrás del Pacífico, el Atlántico es el segundo mayor océano y también el más salado. Sus aguas son famosas por las reservas de gas, petróleo y pescado. El Atlántico cada año es 10 cm más ancho porque las placas continentales bajo su superficie se separan.

Océano Índico

264 000 000 km³

Vive más gente en las orillas del océano Índico que en las de cualquier otro océano. Una quinta parte de la población global tiene su hogar aquí, ante las aguas más cálidas del mundo, con una temperatura máxima de 28 °C.

Océano Antártico

71 800 000 km³

Alrededor del hielo de la Antártida el océano Antártico se consideraba una extensión de los océanos más grandes hasta el año 2000, cuando recibió su nombre oficial.

Océano Ártico

18 750 000 km³

Una triste gota en el océano en comparación con el resto, el océano Ártico es el más pequeño, el menos profundo y el menos salado.

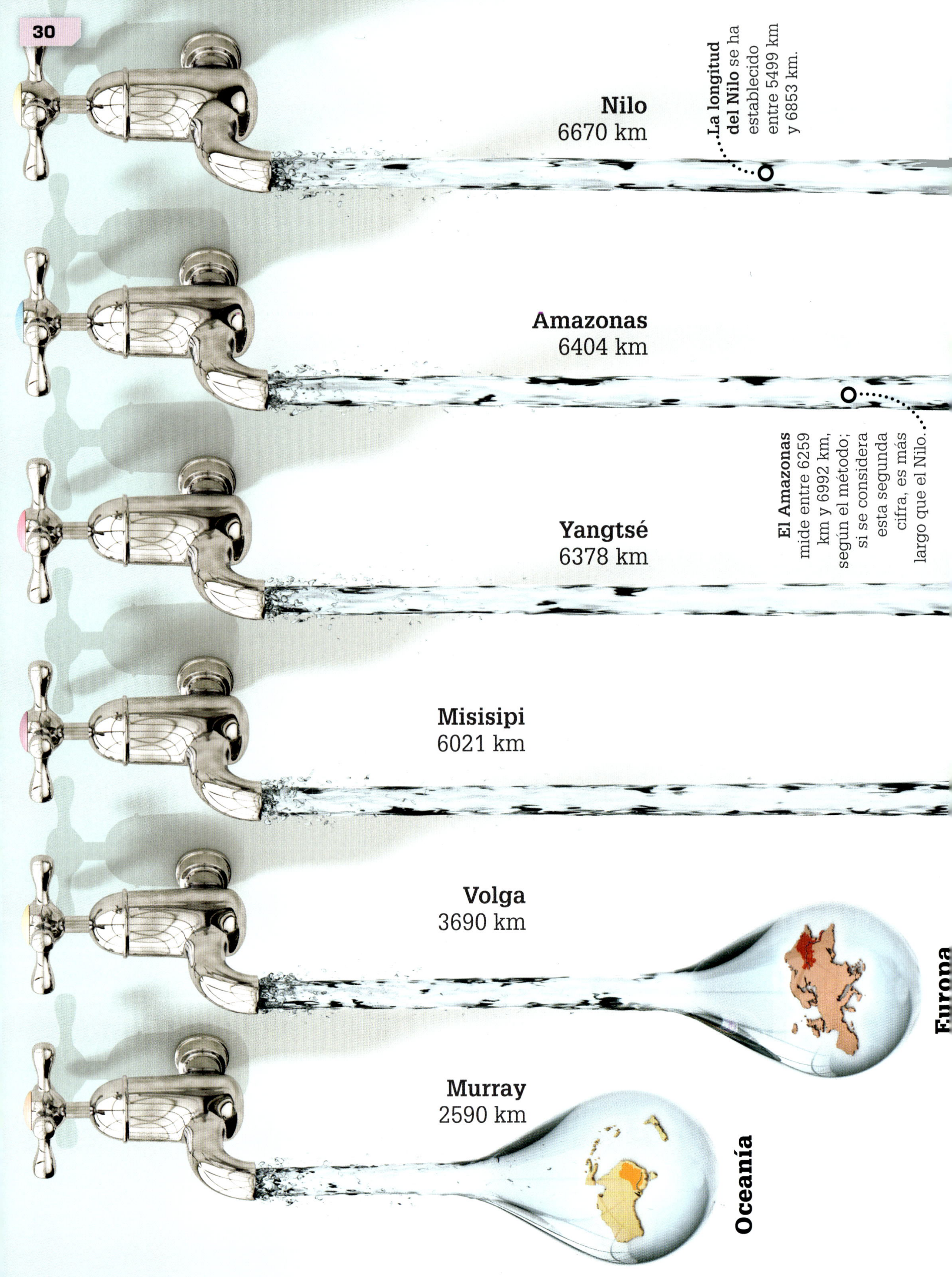
Nilo
6670 km
La longitud del Nilo se ha establecido entre 5499 km y 6853 km.
Amazonas
6404 km
El Amazonas mide entre 6259 km y 6992 km, según el método; si se considera esta segunda cifra, es más largo que el Nilo.
Yangtsé
6378 km
Misisipi
6021 km
Volga
3690 km
Europa
Murray
2590 km
Oceanía

Determinar la longitud de un río no es fácil. Pueden aparecer resultados diferentes según los afluentes que se incluyan y desde dónde se midan: no todos los ríos tienen una fuente (principio) o una desembocadura (final) claras. Por eso existe un gran debate sobre si el Amazonas es más largo que el Nilo.

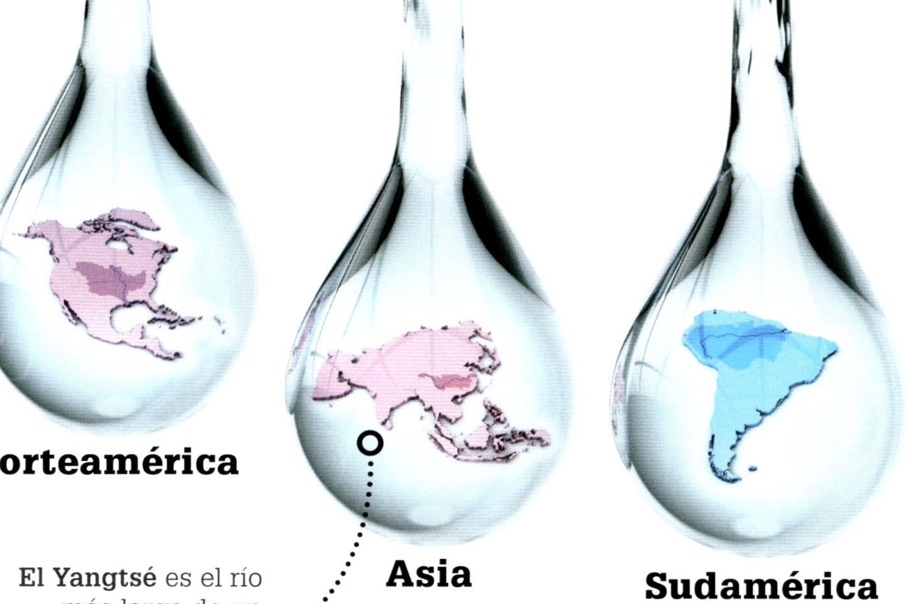

El Yangtsé es el río más largo de un único país (China).

Ríos de récord

En la Tierra hay **un sinfín de** ríos, y como mínimo **165 ríos grandes** que superan los 1000 km de longitud. Aquí tienes los **más largos** de cada **continente**.

DATOS CURIOSOS

El Amazonas es el río más ancho (11 km) y también el más grande en volumen. Este gráfico muestra el río más grande de cada continente (el que aporta más agua por segundo al océano).

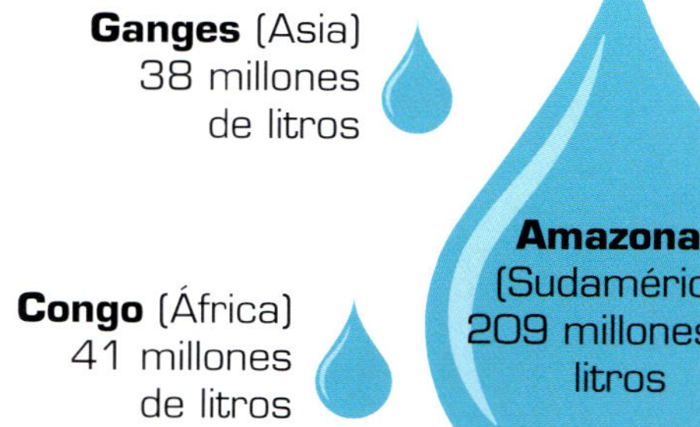

El agua en datos

La **salinidad** del **agua** se mide en **«partes por mil» (ppm)**: cuántos gramos de sal hay en **1000 g de agua.** También se expresa en forma de porcentaje: la **laguna de Gaet'ale** tiene una salinidad del **43,3%.**

EL AGUA **MÁS SALADA**

CASCADAS **MÁS ALTAS**

¡La **cascada más alta del mundo está bajo el agua!** Situada en el **ESTRECHO DE DINAMARCA** ENTRE **GROENLANDIA** e **ISLANDIA**, la **CATARATA DEL ESTRECHO DE DINAMARCA** tiene una altura **tres veces y media más alta** que **SALTO ÁNGEL**, la cascada más alta de tierra firme.

EL LAGO **MÁS PROFUNDO**

Aunque **el lago Baikal** es el **séptimo mayor** por área, es tan profundo que **contiene el 20%** del total de agua dulce líquida del mundo: **23 600 km³. El Baikal** tiene **758 m** de profundidad media. En su profundidad **máxima**, baja hasta **1642 m**, la misma profundidad que dos Burj Khalifas.

LAGO BAIKAL
PROFUNDIDAD MEDIA: 758 M

BURJ KHALIFA: 828 M

REUNIÓN **LLUVIOSA**

Varios **ciclones tropicales** han marcado diferentes récords de precipitación en **la isla de Reunión,** en el océano Índico.

- **12 HORAS** — DENISE, ENERO 1966: **114,4 CM**
- **24 HORAS** — DENISE, ENERO 1966: **182,5 CM**
- **48 HORAS** — (CICLÓN SIN NOMBRE), ABRIL 1958: **246,7 CM**
- **72 HORAS** — GAMEDE, FEBRERO DE 2007: **393 CM**
- **15 DÍAS** — HYACINTHE, ENERO 1980: **608 CM**

3,5 VECES LA ALTURA MEDIA DE UNA PERSONA

TROMBA MARINA **SALVAJE**

UNA COLUMNA DE NUBES Y VIENTO QUE GIRA SOBRE EL AGUA SE DENOMINA TROMBA MARINA.

EL AGUA NO SUBE DESDE EL OCÉANO QUE TIENE DEBAJO, SINO QUE CAE DE LAS NUBES QUE TIENE ENCIMA.

LA MAYORÍA SON PEQUEÑAS, DE UNOS 50 M DE DIÁMETRO, Y DURAN APENAS UNOS MINUTOS.

LAS MÁS GRANDES TIENEN HASTA 100 M DE DIÁMETRO Y DURAN 1 HORA.

LAS IMÁGENES DE SATÉLITE en uso desde **1970** han mostrado los **países del MUNDO más azotados por huracanes: China,** las **Filipinas, Japón, México** y **Estados Unidos.**

VELOCIDAD **DEL AGUA**

Siguiendo la costa de **Estados Unidos, la corriente del Golfo**, una corriente del **océano Atlántico Norte**, fluye a **6,4 km/h.** ¿Te parece lenta? Es **300 veces más rápida** que el caudal **del río Amazonas**.

MAYORES LAGOS

Estos son los **mayores lagos** de cada continente, según la **superficie** que ocupan.

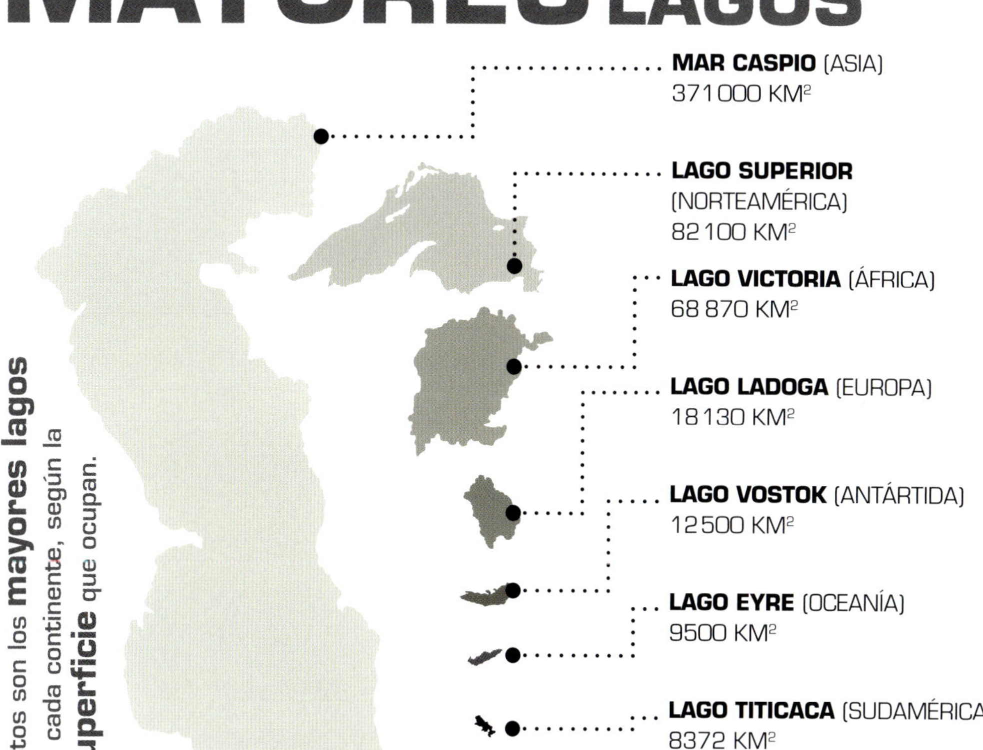

SOLE
EDELRID
SOLE
yoursole.com

Poder humano

En la actualidad la Tierra alberga más de 7000 millones de personas. Las que sobresalen de entre la multitud se marcan retos y no dejan de perseguir nunca sus sueños. Los pioneros se esfuerzan por hacer historia, los aventureros exploran los territorios desconocidos y los líderes dirigen naciones enteras.

El estadounidense Jordan Romero tenía trece años, diez meses y diez días cuando coronó el Everest el 22 de mayo de 2010 y se convirtió en la persona más joven de la historia en escalar la montaña más alta del mundo. En diciembre de 2011, se convirtió en el escalador más joven que completó las siete cumbres, los picos más altos de cada placa continental.

La casa real más longeva
El emperador actual del Japón es Akihito, el 125° de su dinastía desde el primer emperador, Jimmu, cuya ascensión se fecha oficialmente en el 660 a. C. Es decir, ¡la misma casa real ha gobernado en Japón durante más de 2600 años!

El reinado más corto
¡No parpadees o te vas a perder el reinado de Luis Antonio de Francia! En 1830 subió al trono francés como Luis XIX, pero abdicó al cabo de 20 minutos.

El reinado más largo verificable
El rey Sobhuza II ocupó el trono de Suazilandia durante 82 años y 254 días. Tras la muerte de su padre, se convirtió en monarca a los cuatro meses, en 1899, y reinó hasta su propia muerte en 1982.

Reyes y reinas, primeros ministros y presidentes, todos los líderes memorables sirvieron a sus países durante mucho tiempo, o asumieron la responsabilidad durante complicados períodos de conflicto y cambio.

DATOS CURIOSOS

El presidente de EE. UU. con más días en el poder fue Franklin D. Roosevelt, con 4422 días en el cargo, entre 1933 y 1945; es el único presidente de EE. UU. con tres legislaturas completas.

El presidente de EE. UU. con menos días en el poder fue William Henry Harrison, que murió de neumonía en 1841, 31 días después de la investidura.

El monarca actual de reinado más largo
La reina Isabel II lleva en el trono británico desde 1952, lo que la convierte en la monarca actual más antigua del mundo.

Primera jefa de Estado
Sirimavo Bandaranaike se convirtió en la primera mujer que fue jefa de Estado cuando su partido, el Partido para la libertad de Sri Lanka, se impuso en las elecciones nacionales en julio de 1960.

La jefa de Estado con más días en el poder
Vigdis Finnbogadóttir presidió Islandia desde el 1 de agosto de 1980 hasta 1996, unos increíbles 16 años, el récord de jefa de Estado.

El líder no real de mandato más largo desde 1900
Los líderes de la Antigüedad quizá mandaron durante más tiempo, pero el vencedor de la actualidad es Fidel Castro: el primer ministro y presidente cubano ostentó el cargo 52 años y 62 días, desde 1959 hasta 2011.

Más de 70 mujeres han ejercido de primeras ministras y presidentas desde 1960.

¿Quién **manda**?

Desde el **monarca con el reinado más largo** hasta la **primera jefa de Estado**... Todos en pie para honrar a la **realeza** y los **líderes políticos** que han hecho que sus países entren en los libros de historia.

De **cine**

Desde que los hermanos Lumière proyectaron por **primera** vez una **película** en París el 28 de diciembre de 1895, **el cine** se ha convertido en una importante forma de **ocio social**.

Avatar, la película de ciencia ficción de 2009, es la película más cara de la historia: su producción costó 425 millones de dólares (360 millones de euros).

Tiburón, la película de 1974 de Steven Spielberg sobre un feroz tiburón, fue la primera película de la historia en recaudar más de 1 millón de dólares (850 000 €) en taquilla.

LA DAMA DEL MILLÓN

En 1911, Mary Pickford fue el primer actor o actriz de la historia en firmar un contrato de 1 millón de dólares en Hollywood. La actriz canadiense protagonizó 52 largometrajes.

Desde 1900 se han producido en el mundo una media de 2577 películas anuales. La mayoría destacan poco o nada, pero otras, como las que aparecen aquí, han conseguido inscribir sus títulos en los libros de los récords.

Lo que el viento se llevó (1934) es la película más taquillera de la historia: 3440 millones de dólares (2900 millones de euros).

Tres películas son las que tienen más Oscars (con 11 cada una): *Ben Hur* (1959), *Titanic* (1997) y *El señor de los anillos: el retorno del rey* (2003).

Simbad: la leyenda de los siete mares (2003) se considera la película con más pérdidas de la historia del cine: 163 millones de dólares (139 millones de euros).

La escena del funeral de la épica película histórica *Gandhi* (1982) contaba con 300 000 extras, un récord absoluto.

India produce más películas que cualquier otro país. En 2017 produjo 1986 películas. Nigeria es el segundo país de la lista (con 997), seguido de Estados Unidos (791).

El actor indio **Brahmanandam Kanneganti** ha aparecido en **1100 películas**.

Buenas lecturas

Cada año se publican unos 2,21 millones de libros...
Pero ¿cuál es el libro que más se ha vendido?, ¿cuáles son los autores más vendidos de la historia?, ¿qué cómics han tenido más éxito?

La serie más vendida
Los libros de Harry Potter

La serie de libros de J.K. Rowling sobre su joven mago ha vendido 510 millones de ejemplares.

La edición periódica más vendida
Diccionario de Xinhua

Este diccionario de chino, publicado por primera vez en 1957, ha vendido unos 400 millones de ejemplares.

El libro de cocina más vendido
Betty Crocker's Cookbook

Se han vendido más de 75 millones de ejemplares de este recetario estadounidense publicado por primera vez en 1950.

Los autores más vendidos
William Shakespeare
Agatha Christie

Dos autores ingleses, el dramaturgo William Shakespeare (1564-1616) y Agatha Christie (1890-1976, derecha), se calcula que han vendido, cada uno, como mínimo 2000 millones de libros. Ambos fueron autores muy prolíficos: Shakespeare redactó 37 obras, Christie firmó 78 libros.

A todos nos gusta leer un **buen libro**, así que toma asiento y prepárate para dar un vistazo a estos **clásicos de récord**.

El libro de no ficción más vendido

Biblia

Es imposible comprobar las cifras, pero se cree que se han vendido 5000 millones de copias de la *Biblia*.

El autor más traducido

Agatha Christie

Según la Unesco, hay 7236 traducciones de los libros de Agatha Christie, más que de cualquier otro autor en la historia.

El libro más caro jamás vendido

Libro de Mormón

Una iglesia mormona de EE. UU. compró el manuscrito de la imprenta de este libro por 35 millones de dólares en septiembre de 2017.

Cómics más vendidos

Micky Maus (Alemania), *The Beano*, y *Classics Illustrated* (ambos en inglés)

Se cree que cada uno de estos cómics, o novelas gráficas, han vendido 1000 millones de ejemplares.

El libro de ficción más vendido

Don Quijote

Desde su primera edición en 1605, se calcula que de la historia de Don Quijote y Sancho Panza, de Miguel de Cervantes, se han vendido unos 500 millones de ejemplares.

En **China** se publican anualmente más **libros** que en cualquier otro país: **440 000** en 2013.

La primera en volar sola de Inglaterra a Australia
En mayo de 1930, la inglesa Amy Johnson despegó con su avión *Gipsy Moth* desde un aeródromo de Croydon, Inglaterra. Voló 17 700 km para aterrizar en Darwin, Australia, 19 días después. El primero que voló solo de Gran Bretaña a Australia fue el australiano Bert Hinkler en 1928.

Earhart fue la primera mujer que cruzó el Atlántico en avión, en 1928, como pasajera.

La primera mujer que cruzó sola el océano Atlántico en avión
La estadounidense Amelia Earhart cruzó el océano Atlántico en mayo de 1932. El trayecto de Canadá a Irlanda del Norte le llevó 15 horas. Charles Lindbergh fue el primero que completó este vuelo solo en su avión *Spirit of St Louis* en 1927.

La primera inmersión profunda
Los estadounidenses William Beebe y Otis Barton se aventuraron en las profundidades acuáticas con una batisfera, un sumergible, en 1934. Bajaron hasta una profundidad de 900 m.

Aventureros

Estos valientes **ampliaron los límites** de la experiencia **llegando más lejos** que nadie. Algunos **lo hicieron solos**, otros viajaron **más lejos o más abajo,** hacia lo desconocido.

Los primeros en llegar a lo más profundo del océano
El suizo Jacques Piccard y el norteamericano Don Walsh fueron los primeros en llegar al fondo de la fosa de las Marianas, el abismo Challenger, el punto más profundo del océano. En 1960 bajaron en un batiscafo, el *Trieste*, hasta una profundidad de 10 916 m.

El primero que dio la vuelta al mundo navegando solo
El inglés Francis Chichester se hizo a la mar en Plymouth, Inglaterra, en agosto de 1966, y tras 107 días llego a Sídney, Australia. Regresó entonces por el cabo de Hornos tras haber navegado 119 días y 47 685 km.

La primera caída libre en superar la velocidad del sonido
En octubre de 2012, el paracaidista austriaco Felix Baumgartner saltó de un globo a 38,9 km de la Tierra. Tocó tierra en menos de 10 minutos, tras alcanzar una velocidad máxima durante la caída de 1342 km/h (la velocidad del sonido es de 1235 km/h).

Estos aventureros lo planearon todo durante meses o años antes de partir. A menudo los vehículos o naves que usaron tuvieron que probarse y adaptarse para el viaje.

DATOS CURIOSOS

El récord de Felix Baumgartner fue superado en 2014 por un antiguo ejecutivo de Google, Alan Eustace, que saltó desde 41,4 km, 2,4 km más arriba que Baumgartner. Ambos saltaron desde la estratosfera, que empieza a 14,5 km de la Tierra. Los aviones de pasajeros vuelan a 11,8 km.

Alan Eustace
41,4 km

Felix Baumgartner
38,9 km

Avión de pasajeros
11,8 km

Gente de altura

Escalar el **Everest**, la **montaña más alta** de la Tierra, es la **cima** de los éxitos de estos aventureros.

1975
La primera mujer en coronar la cumbre fue Junko Tabei (Japón); Lhakpa Sherpa (Nepal) lo ha hecho siete veces.

1953
Sir Edmund Hillary (Nueva Zelanda) y **Tenzing Norgay** (Nepal) son oficialmente los primeros en alcanzar la cima.

2001
El primer descenso en snowboard Marco Siffredi (Francia) lo consiguió en 2001, pero murió el año siguiente cuando intentaba repetirlo.

2001
El único explorador ciego que ha coronado la cumbre ha sido Erik Weihenmayer (EE. UU.), que también ha conquistado las siete cumbres.

Aunque la primera subida hasta la cima del Everest se produjo hace más de 60 años, todavía quedaban muchos récords por adjudicar, desde la primera mujer hasta el más joven; y también las bajadas, claro.

1933

Los primeros en sobrevolar la cima fueron los pilotos de la RAF lord Clydesdale (Douglas Douglas-Hamilton) y David McIntyre, en un biplano de dos plazas.

ASCENSO RÁPIDO

En 2017, el español Kilian Jornet coronó el Everest dos veces en una semana sin cuerdas ni oxígeno. Marcó el mejor tiempo desde el campo base avanzado (a 6400 m) hasta la cumbre: 17 horas. Este trayecto suele llevar cuatro días.

1993

Con 19 años, la india Dicky Dolma fue la primera adolescente en coronar el Everest. El más joven hasta la fecha es Jordan Romero, con 13 años.

2013

A sus 80 años, el japonés Yuichiro Miura es el hombre de más edad que ha alcanzado la cumbre, 7 años después que Tamae Watanabe, la mujer de más edad en coronar.

1922

Los primeros intentos de los ingleses Charles G. Bruce y Edward Lisle Strutt no llegaron a la cumbre, pero marcaron el récord del mundo de mayor escalada: 8326 m.

Yuichiro Miura, persona de más edad en coronar: batió el récord a los **70**, de nuevo a los **75**, ¡y otra vez a los **80**!

EL TECHO DEL MUNDO

Desde 1921 10 grandes expediciones habían fracasado en su objetivo de coronar el Everest, la montaña más alta del mundo. Pero el 29 de mayo de 1953, Edmund Hillary (33 años, Nueva Zelanda) y Tenzing Norgay (38 años, Nepal) lograron la fama eterna al convertirse en los primeros en pisar su cumbre, a 8848 m.

Bajo el **mar**

La **profundidad del océano** es un lugar inhóspito, pero hay personas que **han roto los límites** y han bajado más abajo que nadie antes.

100 m

Se necesita una excelente forma física y años de entrenamiento para batir los récords de inmersión. Estos hombres y mujeres han aprovechado sus cualidades para realizar sus hazañas submarinas. Ya sea con un equipo mínimo o con trajes y artilugios especiales, lo más importante es mantener la cabeza fría.

La inmersión libre femenina más profunda

101 m

La rusa Natalia Molchanova fue la primera en superar los 100 m de profundidad. En 2009 bajó hasta 101 m en Sharm el Sheikh, Egipto, en una inmersión de 3 minutos y 50 segundos.

La inmersión libre masculina más profunda

122 m

El neozelandés William Trubridge batió el récord del mundo de buceo libre en 2016 tras llegar a 122 m. Contuvo el aliento durante 4 minutos y 24 segundos.

EQUIPO DE BUCEO

Los franceses Jacques Cousteau y Émile Gagnon inventaron la primera escafandra autónoma en 1942-1943 para que los buceadores pudieran pasar más tiempo bajo el agua.

200 m

La inmersión libre «sin límites» más profunda

214 m

El austriaco Herbert Nitsch se hizo con el récord del mundo de profundidad al bajar hasta 214 m en Grecia en 2007. En la modalidad «sin límites» usó un peso para bajar y un globo lleno de aire para volver a la superficie.

Las orcas pueden bajar hasta unos 264 m para cazar.

300 m

400 m

500 m

600 m

La inmersión más profunda con traje de buceo

609,6 m

Daniel P. Jackson, buceador de la Marina estadounidense, batió este récord en California, EE.UU., en 2006. El diseño del traje permite soportar la presión extrema a 609,6 m bajo el agua.

Mayor inmersión con escafandra autónoma

332,5 m

En 2014, en el mar Rojo, el egipcio Ahmed Gabr batió este récord de inmersión.

Descubridor del Paso del noroeste
En 1906, el explorador noruego Roald Amundsen (el primero de la izquierda) fue el primero que consiguió abrir esta importante ruta comercial del Ártico que conecta los océanos Atlántico y Pacífico.

El primero en llegar al Polo Norte
En 1909, el norteamericano Robert Peary se convirtió en el primero en afirmar que había llegado hasta el Polo Norte, pero muchos dudan de que fuera cierto.

Primer vuelo no disputado sobre el Polo Norte
La aeronave *Norge*, creación de Roald Amundsen y el diseñador aéreo italiano Umberto Nobile, realizó el primer vuelo verificado sobre el Polo Norte el 12 de mayo de 1926.

Primer viajero de superficie que llegó de manera verificable al Polo Norte
El 20 de abril de 1968, el estadounidense Ralph Plaisted completó un viaje de 43 días con su moto de nieve hasta llegar al Polo Norte. Fue el primer viaje terrestre verificado hasta el polo.

El viaje del USS *Nautilus* bajo el casquete polar se llamó operación Sunshine (luz solar).

Récords árticos

La **región ártica** es uno de los entornos más **inhóspitos** del mundo y se ha mostrado como uno de los sitios más **desafiantes** y **complicados** de la Tierra para los exploradores.

La primera nave en llegar al Polo Norte
El 3 de agosto de 1958, el USS *Nautilus*, el primer submarino nuclear de la historia, fue la primera nave en llegar al Polo Norte geográfico. Lo consiguió cruzando el casquete de hielo polar entero por debajo.

La caminata más rápida hasta el Polo Norte
En 1995, el ruso Misha Malakhov (arriba, derecha) y el canadiense Richard Weber tardaron 123 días en ir y volver al Polo Norte arrastrando todo lo necesario en trineos de unos 140 kg.

El Polo Norte es el punto más al norte del planeta. Cuando estás ahí, mires lo que mires, todo queda al sur. Nadie vive realmente en el Polo Norte; las expediciones para conquistarlo empezaron en el siglo XIX.

DATOS CURIOSOS

El Polo Norte no tiene tierra firme, sino que está cubierto por hielo flotante, o bancos de hielo, de un grosor de 3-4 m. Según la época del año, estos bancos de hielo cubren un área de entre 9 y 12 millones de km².

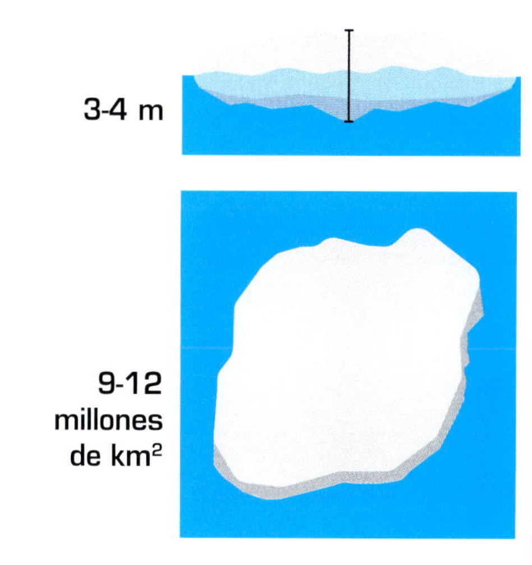

Récords antárticos

La Antártida fue el **último** de los siete continentes de la Tierra en **descubrirse**. A principios del siglo xx la aventura de ser el primero en llegar al **Polo Sur** se convirtió en **el mayor trofeo** de la exploración.

El primero en llegar al Polo Sur
El noruego Roald Amundsen lideró el grupo de cinco personas que fueron los primeros en llegar al Polo Sur, el 14 de diciembre de 1911, 34 días antes que el equipo británico de Robert F. Scott.

Primera base permanente en la Antártida
La Expedición Antártica Nacional Escocesa estableció en 1903 la Ormond House, un observatorio meteorológico situado en la isla Laurie (la segunda más grande de las islas Orcadas del sur).

AMUNDSEN *vs* SCOTT

Amundsen		Scott
5 hombres		**17** hombres
3 toneladas de carga		**1 tonelada** de carga
52 huskies		**0** huskies

La misión de Amundsen hasta el Polo Sur se planeó para que saliera a la perfección. Como explorador polar experimentado, llevaba exactamente lo que necesitaría. Este cuadro ilustra la gran diferencia entre el equipo de Amundsen y el de Scott.

Primer avistamiento de la Antártida
El 28 de enero de 1820 la tripulación del barco ruso *Vostok*, capitaneado por el almirante Fabian Gottlieb von Bellingshausen (arriba), fue la primera en ver la silueta de la Antártida.

El primer vuelo sobre el Polo Sur
El 28 de noviembre de 1929, Richard Byrd (arriba), el piloto Bernt Balchen, el copiloto Harold June y el fotógrafo Ashley McKinley, fueron los primeros en sobrevolar el Polo Sur.

El primer viaje terrestre que atravesó la Antártida
El 2 de marzo de 1958, los miembros de la Expedición transantártica de la Commonwealth, dirigidos por el inglés Vivien Fuchs (derecha) y el neozelandés Edmund Hillary (izquierda), cruzaron por primera vez la Antártida por tierra. Cubrieron 3473 km.

Emilio Marcos Palma (Argentina) fue el primero que **nació** en el continente **Antártico,** en 1978.

Primer equipo exclusivamente femenino que llegó al Polo Sur
El 14 de enero de 1993, cuatro mujeres de la American Women's Expedition (liderada por Ann Bancroft, arriba) se convirtieron en el primer equipo totalmente femenino en llegar al Polo Sur. Tardaron 67 días en conseguirlo.

La Antártida tiene la elevación media más alta de cualquier continente del mundo: 2300 m. El propio Polo Sur reposa sobre la meseta antártica a una altura de 2835 m.

Salir **con vida**

Tras quedar contra las **cuerdas**, todas estas personas demostraron su **fuerza** y **resistencia** al **conservar la vida** en algunas de las más **extremas condiciones** y **entornos** de la Tierra.

Más tiempo A LA DERIVA

Cuando en octubre de 1813 una tormenta azotó el barco del capitán Oguri Jukichi ante la costa de Japón, él y dos tripulantes quedaron a la deriva durante 484 días. Hasta marzo de 1815 no llegó otro barco al rescate. Por suerte, transportaban habas de soja en la bodega que les sirvieron para sobrevivir.

TEMPERATURA corporal menor

En 1999 la radióloga noruega Anna Bågenholm sobrevivió a la menor temperatura corporal registrada al quedar sepultada en el hielo. Su temperatura bajó hasta los 13,7 °C; la temperatura saludable del cuerpo está en 37 °C.

DATOS CURIOSOS

La «regla del tres» nos dice que podemos sobrevivir…

3 minutos
sin aire

3 horas
sin cobijo (salvo en agua gélida)

3 días
sin agua (a cobijo en un entorno hostil)

3 semanas
sin comida (si tienes agua y cobijo)

Esto es solo orientativo: se puede sobrevivir 3 horas sin cobijo en entornos gélidos, pero no si se está mojado, pues ello facilita la hipotermia. En aguas gélidas, el tiempo de supervivencia es de tan solo 3 minutos.

Más tiempo atrapados BAJO TIERRA

Cuando la mina de oro y cobre de San José en Chile se desplomó en 2010, quedaron atrapados 33 mineros. Ahí estuvieron durante 69 días, todo un récord, hasta que una misión de rescate los ayudó a subir los 688 m hasta la libertad.

Tiempo en una ISLA DESIERTA

Entre 1704 y 1709 Alexander Selkirk pasó cuatro años y cuatro meses extraviado en una isla ante la costa de Chile. La experiencia de este náufrago de la Marina británica inspiró la famosa novela *Robinson Crusoe* (1719), de Daniel Defoe.

Más tiempo en el DESIERTO

El norteamericano Robert Bogucki deambuló por el Gran Desierto Arenoso, Australia, en un viaje espiritual de 43 días antes de su rescate en 1999. Lo localizó la tripulación del helicóptero de una cadena de TV que hacía el seguimiento del segundo equipo de rescate.

No todos los de esta página son héroes accidentales. El capitán Jukichi y los mineros chilenos solo estaban en sus sitios de trabajo (bastante peligrosos) cuando se produjo el desastre; en cambio, Alexander Selkirk eligió vivir en una isla desierta.

Proezas deportivas

En el deporte solo los mejores y los más sacrificados alcanzan la cima. Unos récords se establecen y otros se superan cuando los campeones baten a los competidores para inscribir sus nombres en letras de oro en las páginas de la historia del deporte.

El capitán de Brasil, Cafú, levanta el trofeo de la Copa Mundial de Fútbol tras la victoria por 2 a 0 de su equipo contra Alemania en la final de 2002. Sumada a las victorias de 1958, 1962, 1970 y 1994, era la quinta del equipo en esta competición, la selección más condecorada en la historia de este torneo.

EL PRIMER CAMPEÓN

El estadounidense James Connolly está considerado el primer campeón moderno de los Juegos Olímpicos. Ganó la primera prueba de los juegos de 1896 en Atenas, Grecia: el salto de longitud.

Más medallas (hombre)
El nadador norteamericano Michael Phelps es el más condecorado, con 28 medallas olímpicas, 23 de ellas de oro. Logró 8 oros en Pekín 2008, el récord en unos Juegos.

Más medallas (mujer)
La gimnasta soviética (rusa) Larisa Latynina ganó 18 medallas olímpicas, todo un récord, entre 1956 y 1964.

Larisa Latynina mantuvo su récord de más medallas 48 años, hasta Michael Phelps.

Larisa Latynina

Ganadores **olímpicos**

Todos los atletas **quieren el oro olímpico** y hacer realidad el lema «**más rápido, más alto, más fuerte**». Pero ¿quién es **el mejor entre los mejores?**

La paralímpica más laureada
La nadadora estadounidense Trischa Zorn, ciega de nacimiento, ganó 55 medallas durante su carrera (41 de ellas de oro) entre 1980 y 2004.

Los atletas de la antigua Grecia no recibían medallas, sino coronas de ramas de olivo. Los ganadores de los primeros Juegos Olímpicos modernos en 1896 tampoco ganaron medallas de oro, sino de plata y coronas de olivo. Las medallas de oro se introdujeron en 1904.

Medallas a la resistencia
El palista británico sir Steve Redgrave es el único que ha logrado el oro en una prueba de resistencia en cinco Juegos distintos, entre 1984 y 2000.

El esprínter más veloz
El raudo corredor Usain Bolt, ocho veces medalla de oro, fue la primera persona en conseguir el doble triple: ganar los 100 m, los 200 m y los 4 x 100 m relevos en dos Juegos Olímpicos consecutivos (2012 y 2016).

DATOS CURIOSOS

EE. UU. ganó más medallas olímpicas que nadie hasta 2016. Va en cabeza en la tabla de medallas de verano; en las de invierno, en cambio, va segundo, por detrás de Noruega.

OTROS RÉCORDS DE GOLES

Más goles marcados en los Mundiales: 16, Miroslav Klose (Alemania, 2002-14).

Más goles marcados en un solo Mundial: 13, Just Fontaine (Francia, 1958).

Más goles marcados en un solo partido del Mundial: 5, Oleg Salenko (Rusia), contra Camerún, 1994.

Más goles marcados en la final de un Mundial: 3, Geoff Hurst (Inglaterra), contra Alemania Occidental, 1966.

Más goles marcados en toda la carrera: 1468, Josef Bican (Austria) en 918 partidos entre 1931 y 1956.

Más goles en partidos internacionales: 109, Ali Daei (en 149 partidos para Irán entre 1993 y 2006).

Más goles marcados en un solo partido internacional: 13, Archie Thompson (Australia), contra Samoa Americana. Australia ganó el partido de clasificación para el Mundial de 2002 por 31-0.

Más goles en un año natural: 91, Lionel Messi (con el Barcelona y Argentina en 2012).

El gol de Begovic no bastó para ganar el partido: el resultado final fue de 1 a 1.

A los 13 segundos de empezar el partido de la Premier League entre el Stoke City y el Southampton el 2 de noviembre de 2013, el portero del Stoke, Asmir Begovic, chutó una bola hacia el campo contrario. El balón surcó los aires y botó fuera del área del Southampton para hacerle un sombrero al portero rival y acabar en el fondo de la red. El recorrido del chut fue de 91,9 m.

¡¡¡GOOOL!!!

El fútbol es el **deporte más popular del mundo**. Se han jugado miles de partidos en todos los rincones del planeta. Pero ¿cuál es el **gol marcado desde más lejos** en un partido oficial?

El disparo de récord fue posible gracias al potente viento a favor.

El récord de más goles marcados por un guardameta es de 131, por Rogério Ceni (Brasil).

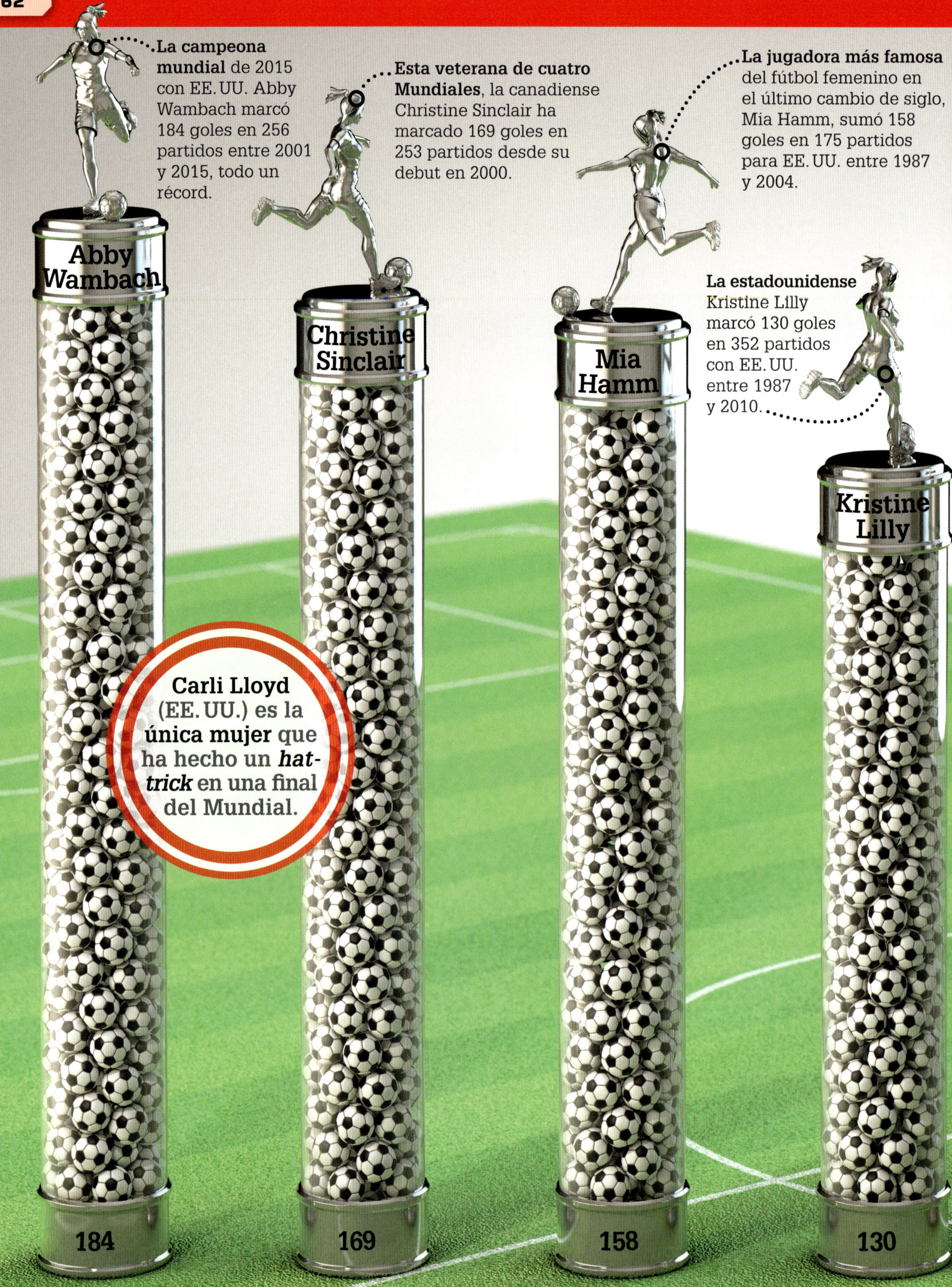
La campeona mundial de 2015 con EE. UU. Abby Wambach marcó 184 goles en 256 partidos entre 2001 y 2015, todo un récord.
Esta veterana de cuatro Mundiales, la canadiense Christine Sinclair ha marcado 169 goles en 253 partidos desde su debut en 2000.
La jugadora más famosa del fútbol femenino en el último cambio de siglo, Mia Hamm, sumó 158 goles en 175 partidos para EE. UU. entre 1987 y 2004.
La estadounidense Kristine Lilly marcó 130 goles en 352 partidos con EE. UU. entre 1987 y 2010.
Abby Wambach
Christine Sinclair
Mia Hamm
Kristine Lilly
184
169
158
130
Carli Lloyd (EE. UU.) es la **única mujer** que ha hecho un ***hat-trick*** en una final del Mundial.

En plena forma

El **primer** partido internacional femenino se disputó en **1971**, 99 años después del primero masculino. No obstante, eso no ha evitado que las **futbolistas** consigan **récords** con sus actuaciones.

La alemana bicampeona mundial Birgit Prinz acumuló 128 goles en 214 partidos entre 1994 y 2011.

Birgit Prinz

128

Quince mujeres han marcado más de 100 goles en partidos internacionales. Aquí aparecen las cinco mejores.

RÉCORDS DE GOLES EN EL MUNDIAL

La máxima goleadora: Marta (Brasil, abajo), 15 goles en cuatro participaciones en el torneo entre 2003 y 2015.

Más goles marcados en un solo torneo: 10, Michelle Akers (EE. UU.) en 1991.

Marta

Más goles en un solo partido: 5, Michelle Akers (EE. UU.) contra Taipéi Chino el 24 de noviembre de 1991.

El *hat-trick* más rápido: 5 minutos, Fabienne Humm (Suiza) contra Ecuador el 12 de junio de 2015.

El gol más rápido desde el saque inicial: 30 segundos, Lena Videkull (Suecia) contra Japón, el 19 de noviembre de 1991.

La goleadora más joven: Elena Danilova (Rusia) tenía 16 años y 107 días al marcar ante Alemania el 2 de octubre de 2003.

La goleadora más veterana: Formiga (Brasil) con 37 años y 98 días al marcar ante Corea del Sur el 9 de junio de 2015.

Home-runs **épicos**

El béisbol es un deporte especialmente asociado a los **números**. Quizá su número más famoso es el **73**: el récord del número máximo de ***home-runs*** en una **sola temporada**.

LANZAMIENTOS PERFECTOS

El jugador de la MLB con más juegos completos: 749, Cy Young (1890-1911). En un juego completo el lanzador que abre juega todo el partido sin que le releven.

Más juegos perfectos en toda la vida: 7, Nolan Ryan (entre 1966 y 1993). En un juego perfecto, ningún jugador de un equipo es capaz de ganar base alguna.

Más blanqueadas en toda la carrera: 110, Walter Johnson (1907-1927). Una blanqueada es cuando un lanzador consigue un juego completo y además no permite que el equipo contrario marque carrera alguna.

Más ponches en toda la vida: 5.714, Nolan Ryan (entre 1966 y 1993). En un ponche el bateador realiza tres *strikes* en un único turno oficial al bate.

Cal Ripken Jr. tiene el récord de **partidos consecutivos** jugados: **2632** (1982-1999).

El 5 de octubre de 2001, en el Pacific Bell Park, el jugador de los San Francisco Giants Barry Bonds consiguió su 71° *home-run* de la temporada y batió así el récord de *home-runs* en una sola temporada de Mark McGwire. Acabó la temporada con 73. Esta ilustración muestra dónde y a qué distancia mandó todos estos *home-runs*.

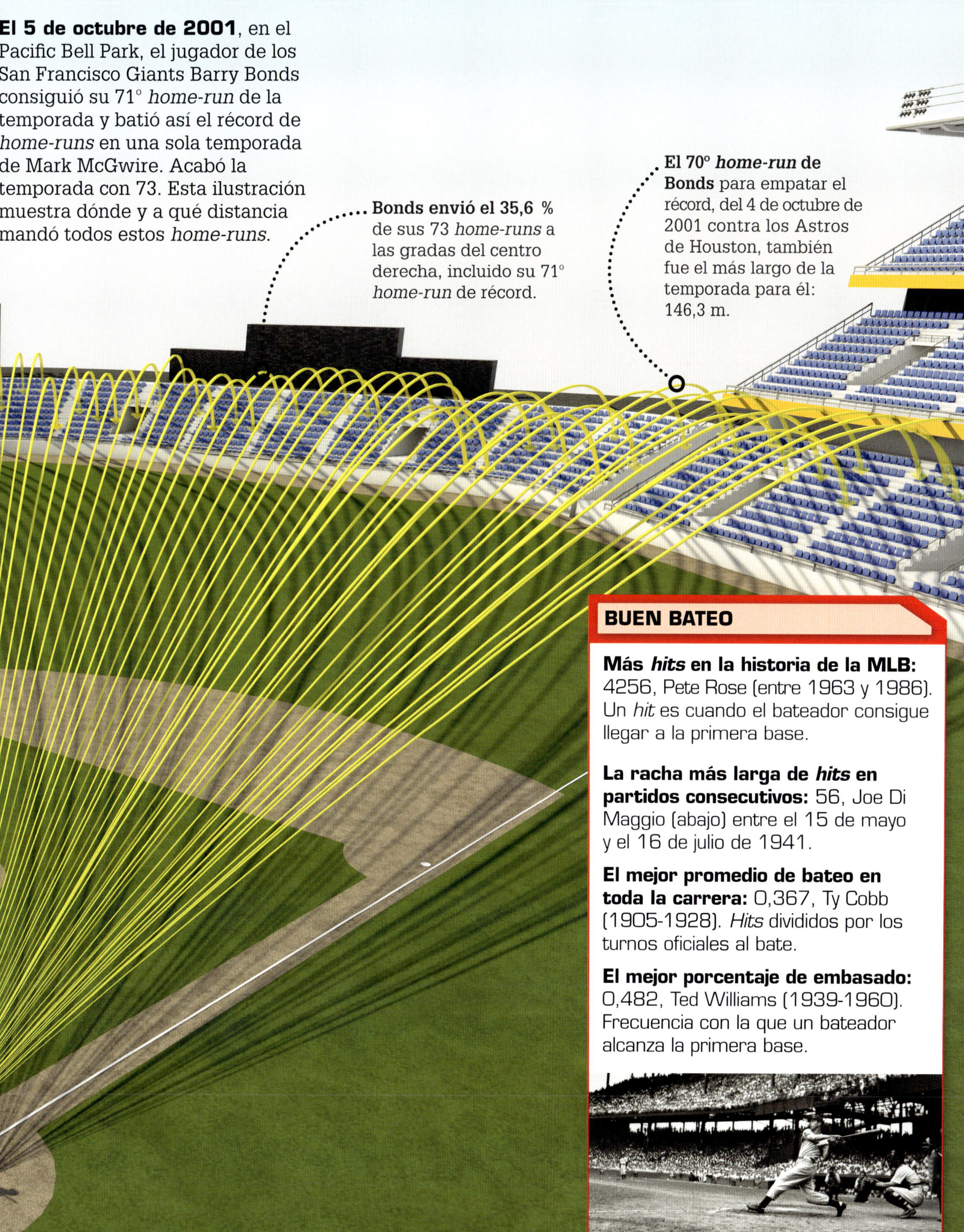

Bonds envió el 35,6 % de sus 73 *home-runs* a las gradas del centro derecha, incluido su 71° *home-run* de récord.

El 70° *home-run* de Bonds para empatar el récord, del 4 de octubre de 2001 contra los Astros de Houston, también fue el más largo de la temporada para él: 146,3 m.

BUEN BATEO

Más *hits* en la historia de la MLB: 4256, Pete Rose (entre 1963 y 1986). Un *hit* es cuando el bateador consigue llegar a la primera base.

La racha más larga de *hits* en partidos consecutivos: 56, Joe Di Maggio (abajo) entre el 15 de mayo y el 16 de julio de 1941.

El mejor promedio de bateo en toda la carrera: 0,367, Ty Cobb (1905-1928). *Hits* divididos por los turnos oficiales al bate.

El mejor porcentaje de embasado: 0,482, Ted Williams (1939-1960). Frecuencia con la que un bateador alcanza la primera base.

Los deportes de motor son muy populares en cualquier parte del mundo, pero ¿cuál de sus cuatro grandes categorías (Fórmula 1, IndyCar, NASCAR y MotoGP) tiene el vehículo más rápido?

Fórmula 1

- Más campeonatos: 7, Michael Schumacher (Alemania, arriba)
- Más victorias: 91, Michael Schumacher (Alemania)
- Más *pole positions*: 72, Lewis Hamilton (Reino Unido)
- Más campeonatos de constructores: 16, Ferrari

IndyCar

- Más campeonatos: 7, A. J. Foyt (EE. UU., arriba)
- Más victorias: 67, A. J. Foyt (EE. UU.)
- Más *pole positions*: 65, Mario Andretti (EE. UU.)
- Más victorias de constructores: 198, Team Penske (más carreras ganadas)

MotoGP

- Más campeonatos: 8, Giacomo Agostini (Italia)
- Más victorias: 89, Valentino Rossi (Italia, arriba)
- Más *pole positions*: 73, Marc Márquez (España)
- Más campeonatos de constructores: 23, Honda

NASCAR

- Más campeonatos: 7, Richard Petty (arriba), Dale Earnhardt Jr., Jimmie Johnson
- Más victorias: 200, Richard Petty
- Más *pole positions*: 123, Richard Petty
- Más campeonatos de constructores: 38, Chevrolet

372,54 km/h
Fórmula 1
Valteri Bottas (Finlandia) alcanzó esta increíble velocidad en el Gran Premio de México de 2016.

Reyes del asfalto

Existen las carreras sobre dos y cuatro ruedas desde que existen las motos y los coches, pero ¿quiénes son los auténticos reyes del motor?

En la NASCAR, **Richard Petty** logró el récord de **200 victorias** durante su carrera.

342,483 km/h
NASCAR
Bill Elliott (EE. UU.) registró la máxima velocidad de la historia de la NASCAR en Talladega, Alabama, EE. UU., el 30 de abril de 1987.

354,7 km/h
MotoGP
Michele Pirro (Italia) se convirtió en el rey de la velocidad de MotoGP en el Gran Premio de Italia de 2017.

382,216 km/h
IndyCar
Arie Luyendyk (Países Bajos) consiguió esta velocidad en los entrenamientos oficiales de la Indy 500 de 1996 en Indianápolis, EE. UU.

Deporte en datos

GRANDES RÉCORDS DE FÚTBOL

MÁS MUNDIALES

5 **BRASIL** (1958, 1962, 1970, 1994, 2002)

4 **ALEMANIA** (1954, 1974, 1990, 2014)
ITALIA (1934, 1938, 1982, 2006)

2 **ARGENTINA** (1978, 1986)
URUGUAY (1930, 1950)
FRANCIA (1998, 2018)

1 **INGLATERRA** (1966)
ESPAÑA (2010)

MÁS MUNDIALES FEMENINOS

3 **EE. UU.** (1991, 1999, 2015)

2 **ALEMANIA** (2003, 2007)

1 **NORUEGA** (1995)
JAPÓN (2011)

LOS MEJORES EQUIPOS DE FÚTBOL

- **LOS MEJORES EQUIPOS DE LA EUROCOPA:** las selecciones de Alemania (1972, 1980, 1996) y de España (1964, 2008, 2012) han ganado el título en tres ocasiones.
- **EL MEJOR EQUIPO DE LA COPA AMÉRICA:** Uruguay se ha llevado el título en 15 ocasiones, una más que Argentina.
- **EL MEJOR EQUIPO DE LA LIGA DE CAMPEONES:** el Real Madrid (España) ha ganado el torneo en 13 ocasiones, cinco de estas victorias fueron seguidas, entre 1956 y 1960. El Milan (Italia) es el segundo de la lista, con siete victorias.
- **EL MEJOR EQUIPO DE LA COPA LIBERTADORES:** El Independiente (Argentina) es el equipo más laureado del torneo, con siete victorias. El Boca Juniors, compatriota suyo, le va a la zaga con seis copas.
- **EL MEJOR EQUIPO DE SU LIGA NACIONAL DE LA HISTORIA:** el Rangers (Escocia) tiene el récord del mundo de victorias en cualquier liga nacional: 54.

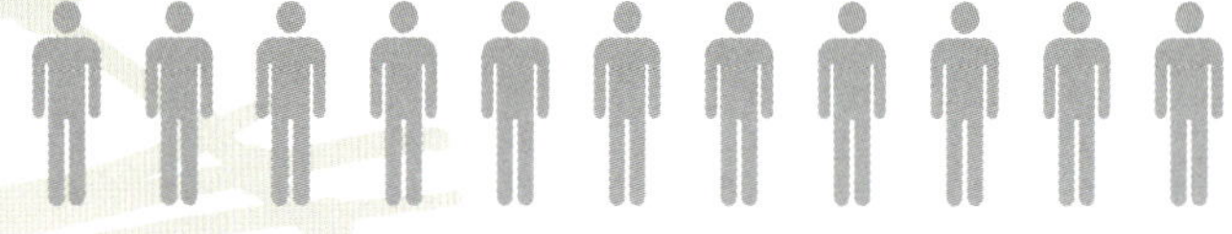

MÁS GOLES

El partido oficial con **más goles** acabó **149-0**, entre el **SO l'Emyrne** y el **AS Adema** en Madagascar el 31 de octubre de 2002. En protesta por la actuación de los árbitros en el partido anterior, el SO l'Emyrne ¡se marcó 149 goles en propia puerta!

HOCKEY SOBRE HIELO

Wayne Gretzky (*the Great One*) es el más **famoso jugador de la historia de la NHL** norteamericana Logró hacerse con **varios récords**:

MÁS PUNTOS EN UNA SOLA TEMPORADA: 215 (1985-86)
MÁS PUNTOS EN TODA SU CARRERA: 2857 PUNTOS
MÁS PUNTOS/PARTIDO EN LA TEMPORADA REGULAR: 1,921
MÁS GOLES EN LA TEMPORADA REGULAR: 894
MÁS ASISTENCIAS EN LA TEMPORADA REGULAR: 1963
MÁS PUNTOS EN LOS *PLAYOFFS*: 382

HÉROES DEL BALONCESTO

MÁS VICTORIAS CONSECUTIVAS EN UNA TEMPORADA DE LA NBA: 33, Los Angeles Lakers en la temporada 1971-72 (la segunda posición de la historia son 22).

RÉCORD DE ANOTACIÓN EN UN SOLO PARTIDO DE LA NBA: 100 puntos, Wilt Chamberlain con los Philadelphia Warriors contra los New York Knicks el 2 de marzo de 1962. *Quien más se ha acercado a este récord ha sido Kobe Bryant: marcó 81 puntos con Los Angeles Lakers contra los Toronto Raptors el 22 de enero de 2006.*

MÁS TÍTULOS DE LA NBA CONSECUTIVOS: los 8 de los Boston Celtics entre 1959 y 1966.

MÁS ASISTENCIAS EN LA NBA: 15 806, John Stockton *(el jugador en activo que está más cerca es Jason Kidd, que está a 3500 asistencias del récord de Stockton).*

MÁS PUNTOS EN LA NBA: 33 387, Kareem Abdul-Jabbar, entre 1969 y 1989.

MÁS PARTIDOS EN LA NBA CON 10 PUNTOS O MÁS: 866, Michael Jordan entre 1986 y 2001.

GRANDES ESTRELLAS DEL FÚTBOL AMERICANO

- **LA MAYOR VICTORIA:** Georgia Tech destrozó a Cumberland University con un indiscutible 220-0 en un partido universitario el 7 de octubre de 1916.
- **MÁS PARTIDOS CONSECUTIVOS DE LA NFL JUGADOS:** 297, Brett Favre. Jugó todos los partidos de 19 temporadas seguidas entre 1992 y 2010 en tres equipos: los Green Bay Packers, los New York Jets y los Minnesota Vikings.
- **LA JUGADA MÁS LARGA DE LA HISTORIA DE LA NFL:** 109,88 yardas, Antonio Cromartie con los San Diego Chargers contra los Minnesota Vikings el 11 de abril de 2007. Tras recoger un intento rival de gol de campo.
- **MÁS YARDAS DE RECEPCIÓN EN TODA LA VIDA:** 122 985 yardas, Jerry Rice (entre 1985 y 2004). *El segundo de la lista (Terrell Owens) está a 6961 yardas del récord.*
- **MÁS RECEPCIONES EN TODA LA VIDA:** 1549, Jerry Rice.
- **MÁS YARDAS DE CARRERA EN TODA LA VIDA:** 18 355, Emmitt Smith.
- **MÁS PARTIDOS CONSECUTIVOS CON PASE DE ANOTACIÓN:** 47, Johnny Unitas (establecido entre 1956 y 1960 cuando jugaba con los Baltimore Cubs).
- **MÁS PASES DE ANOTACIÓN (EN TODA LA VIDA):** 539, Peyton Manning (entre 1998 y 2015).
- **VICTORIAS EN LA SUPER BOWL:** 6, Pittsburgh Steelers (1974, 1975, 1978, 1979, 2005, 2008).

El atleta busca **alcanzar** la velocidad ideal antes de saltar.

Los mejores saltadores alcanzan una velocidad de 10 m/s en el pasillo.

SALTO GIGANTE

De acuerdo, ya no es el récord del mundo, pero el salto de Bob Beamon en los Juegos Olímpicos de 1968 es el salto de longitud más icónico de la historia. Con sus 8,90 m superó en 45 cm el récord del mundo vigente.

El actual récord del mundo de salto de longitud está en poder de Mike Powell, de EE. UU. Lo consiguió en los campeonatos del mundo de Tokio (Japón) de 1991 con 8,95 m, el equivalente a saltar más que la longitud de dos escarabajos clásicos de Volkswagen.

El salto **más largo**

El **salto de longitud** conjuga velocidad, técnica y fuerza para **saltar lo más lejos posible** desde un punto fijo. Se ha disputado en **todos los Juegos Olímpicos** desde 1896.

Cuando está en el aire, desplaza brazos y piernas hacia delante para mantenerse en el aire. Esta técnica se denomina «la tijera».

Al aterrizar, intentará impulsar el cuerpo más allá del punto inicial de aterrizaje para aumentar la distancia del salto.

El récord de Mike Powell lleva vigente más de 25 años; es el cuarto récord del mundo de atletismo más longevo.

SALTOS HISTÓRICOS

5 **7,52 m:** Galina Chistyakova (Rusia, 1988)
La única mujer que hasta ahora ha sido capaz de saltar más de 7,5 m.

4 **7,61 m:** Peter O'Connor (Irlanda, 1901)
El primer récord ratificado por la Asociación Internacional de Atletismo.

3 **8,13 m:** Jesse Owens (EE. UU., 1935)
Primer salto de la historia de más de 8 m.

2 **8,90 m:** Bob Beamon (EE. UU., 1968)
El salto de Beamon pulverizó el récord del mundo en 45 cm.

1 **8,95 m:** Mike Powell (EE. UU., 1991)
Powell superó el récord del mundo de Bob Beamon por 5 cm.

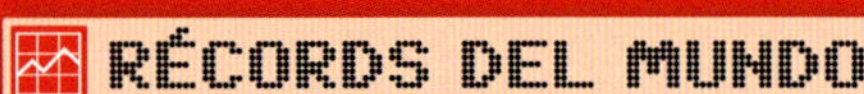

RÉCORDS DEL MUNDO

Aquí tienes los actuales récords del mundo masculino y femenino.

1. **MASCULINO: 6,16 m**
Renaud Lavillenie (2014)

2. **FEMENINO: 5,06 m**
Yelena Isinbayeva (2009)

El pertiguista se prepara para el «vuelo», la parte más fácil del salto. Se impulsa con la parte superior de la pértiga y gira su cuerpo para superar la barra.

En el «enrollamiento», el pertiguista salta, dobla las piernas y desplaza los brazos hacia las caderas.

Cuanto más rápido corra el pertiguista por el pasillo y mejor ejecute la batida, más se doblará su pértiga, lo que le permitirá alcanzar mayor altura.

Los atletas de EE. UU. han ganado todas las medallas de oro olímpicas entre 1896 y 1968.

Los atletas corren e introducen la pértiga en el «cajetín», un hoyo en el suelo. En la década de 1950 se introdujeron las pértigas flexibles, de fibra de carbono o de vidrio, con las que los pertiguistas superan mayores alturas.

RENAUD LAVILLENIE

El 15 de febrero de 2014, el campeón olímpico de 2012, el francés Renaud Lavillenie, rompió el récord que Sergey Bubka había conservado 21 años. Superó la increíble altura de 6,16 m en Donetsk, Ucrania.

Elevar el listón

El salto con pértiga es una prueba en la que los atletas se valen de una pértiga larga y flexible para impulsarse y superar un listón.

El récord del mundo masculino actual (6,16 m) es superior a la altura habitual de una jirafa (6 m).

El salto con pértiga ha sido deporte olímpico desde 1896 en categoría masculina y desde 2000 en femenina. Los pertiguistas tienen tres intentos para superar una o diversas alturas. Si no lo hacen, quedan eliminados de la competición.

Tras superar, o no, el listón, el pertiguista empieza el largo descenso hacia el suelo, donde una colchoneta amortigua el impacto.

YELENA ISINBAYEVA

La rusa Yelena Isinbayeva es la poseedora actual del récord del mundo de salto con pértiga. Esta doble medallista de oro (en 2004 y 2008) consiguió su salto histórico de 5,06 m en Zúrich, Suiza, el 28 de agosto de 2009.

El récord del mundo de los 100 m es el premio definitivo para un esprínter. Esta ilustración muestra algunos de los 100 metros más memorables de la historia. Compara dónde estarían los atletas en la pista cuando los actuales poseedores del récord del mundo cruzaran la línea de llegada.

11,4 segundos
El 4 de octubre de 1952, la australiana Marjorie Jackson se convirtió en la primera mujer en acabar en menos de 11,5 segundos.

11,01 segundos
La alemana occidental Annegret Richter marcó 11,01 segundos en los Juegos de Montreal 1976.

11,04 segundos
La alemana occidental Inge Helten batió el récord del mundo el 13 de junio de 1976. Le duró 42 días.

11,07 segundos
Wyomia Tyus (EE. UU.) batió el récord del mundo en los Juegos Olímpicos de México 1968.

91 m 92 m 93 m 94 m 95 m

100 metros mágicos

Los **atletas más veloces** corren los 100 metros. Los ganadores se erigen como los **más rápidos del planeta**.

Usain Bolt es el único que ha ganado tres títulos olímpicos sucesivos en los 100 m.

10,1 segundos
Willie Williams (EE. UU.) paró el reloj en 10,1 segundos el 3 de agosto de 1956.

10,2 segundos
Jesse Owens (EE. UU.) marcó 10,2 segundos el 20 de junio de 1936. Se tardó 20 años en mejorar ese tiempo.

10,3 segundos
El 3 de agosto de 1930, Percy Williams (Canadá) fue el primer atleta en correr los 100 m en 10,3 segundos.

91 m 92 m 93 m 94 m 95 m

10,88 segundos
El 1 de julio de 1977, la alemana oriental Marlies Oelsner logró bajar de los 11 segundos con cronómetro electrónico.

10,81 segundos
Oelsner rompió su propio récord del mundo el 8 de junio de 1983, pero solo le duró 25 días.

10,79 segundos
Evelyn Ashford (EE. UU.) rompió el récord de Oelsner el 3 de julio de 1983 y fue la primera mujer en bajar de los 10,8 segundos.

10,76 segundos
Ashford mejoró su propio récord del mundo en Zúrich, Suiza, el 22 de agosto de 1984.

10,49 segundos
Florence Griffith-Joyner (EE. UU.) rompió el récord del mundo de Ashford por 0,3 segundos el 16 de julio de 1988.

96 m 97 m 98 m 99 m 100 m

LA MUJER MÁS RÁPIDA

La estadounidense Florence Griffith-Joyner es la más rápida de la historia, con los récords del mundo de los 100 y 200 m. En 1988, Flo-Jo marcó un nuevo récord de 10,49 segundos en los 100 m.

EL HOMBRE MÁS RÁPIDO

El jamaicano Usain Bolt es el hombre más rápido en los 100 y 200 m de todos los tiempos. «El rayo» hizo historia al correr los 100 m en 9,58 segundos en el campeonato del mundo de Berlín en 2009.

9,95 segundos
Jim Hines (EE. UU.) corrió los 100 m en menos de 10 segundos en los Juegos de 1968.

9,93 segundos
Calvin Smith (EE. UU.) acabó con el récord de Jim Hines el 3 de julio de 1983.

9,86 segundos
Carl Lewis (EE. UU.) igualó dos veces el récord de Smith, y lo superó el 25 de agosto de 1991.

9,79 segundos
El 16 de junio de 1999, Maurice Greene (EE. UU.) fue el primero en superar la barrera de 9,8 segundos.

9,69 segundos
Usain Bolt (Jamaica) pulverizó el récord del mundo de Greene en los Juegos de 2008 en Pekín, China.

9,58 segundos
Usain Bolt fijó el actual récord del mundo en los campeonatos del mundo de 2009 en Berlín, Alemania.

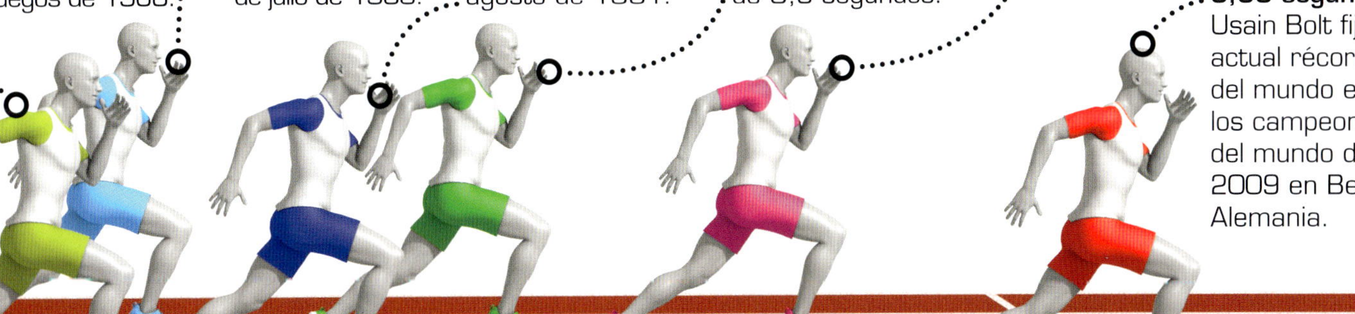

96 m 97 m 98 m 99 m 100 m

EL «RAYO»

Usain Bolt es el hombre más rápido del planeta. El jamaicano posee los tres mejores tiempos de la historia de los 100 m y el récord del mundo de los 200 m. También es el único atleta de la historia que ha conseguido hacer el doblete de los100 y los 200 m en tres Juegos Olímpicos consecutivos (2008, 2012 y 2016).

CANADA

Grandes atletas

ESTOS SON LOS ACTUALES **PLUSMARQUISTAS DEL MUNDO** DE LAS PRINCIPALES PRUEBAS EN ATLETISMO.

PRUEBAS MASCULINAS DE CAMPO

PRUEBA	RÉCORD	ATLETA (PAÍS)	LUGAR	FECHA
SALTO DE ALTURA	2,45 M	JAVIER SOTOMAYOR (CUBA)	SALAMANCA, ESPAÑA	27 DE JULIO DE 1993
SALTO CON PÉRTIGA	6,16 M	RENAUD LAVILLENIE (FRANCIA)	DONETSK, UCRANIA	15 DE FEBRERO DE 2014
SALTO DE LONGITUD	8,95 M	MIKE POWELL (EE. UU.)	TOKIO, JAPÓN	30 DE AGOSTO DE 1991
TRIPLE SALTO	18,29 M	JONATHAN EDWARDS (REINO UNIDO)	GOTHENBURG, SUECIA	7 DE AGOSTO DE 1995
LANZ. DE PESO	23,12 M	RANDY BARNES (EE. UU.)	WESTWOOD, EE. UU.	20 DE MAYO DE 1990
LANZ. DE DISCO	74,08 M	JÜRGEN SCHULT (ALEMANIA ORIENTAL)	NEUBRANDENBURG, ALEMANIA ORIENTAL	6 DE JUNIO DE 1986
LANZ. DE MARTILLO	86,74 M	YURIY SEDYKH (RUSIA)	STUTTGART, ALEMANIA	30 DE AGOSTO DE 1986
LANZ. DE JABALINA	98,48 M	JAN ZELEZNY (REPÚBLICA CHECA)	JENA, ALEMANIA	25 DE MAYO DE 1996
DECATLÓN	9045 PTS	ASHTON EATON (EE. UU.)	PEKÍN, CHINA	29 DE AGOSTO DE 2015

PRUEBAS FEMENINAS DE CAMPO

PRUEBA	RÉCORD	ATLETA (PAÍS)	UBICACIÓN	FECHA
SALTO DE ALTURA	2,09 M	STEFKA KOSTADINOVA (BULGARIA)	ROMA, ITALIA	30 DE AGOSTO DE 1987
SALTO CON PÉRTIGA	5,06 M	YELENA ISINBAYEVA (RUSIA)	ZÚRICH, SUIZA	28 DE AGOSTO DE 2009
SALTO DE LONGITUD	7,62 M	GALINA CHISTYAKOVA (URSS)	LENINGRADO, URSS	11 DE JUNIO DE 1988
TRIPLE SALTO	15,50 M	INESSA KRAVETS (UCRANIA)	GOTHENBURG, SUECIA	10 DE AGOSTO DE 1995
LANZ. DE PESO	22,63 M	NATALYA LISOVSKAYA (URSS)	MOSCÚ, RUSIA	7 DE JUNIO DE 1987
LANZ. DE DISCO	76,80 M	GABRIELE REINSCH (ALEMANIA ORIENTAL)	NEUBRANDENBURG, ALEMANIA ORIENTAL	9 DE JULIO DE 1988
LANZ. DE MARTILLO	82,98 M	ANITA WLODARCZYK (POLONIA)	VARSOVIA, POLONIA	28 DE AGOSTO DE 2016
LANZ. DE JABALINA	72,28 M	BARBORA SPOTAKOVA (REPÚBLICA CHECA)	STUTTGART, ALEMANIA	13 DE SEPTIEMBRE, 2008
HEPTALÓN	7291 PTS	JACKIE JOYNER-KERSEE (EE. UU.)	SEÚL, COREA DEL SUR	24 DE SEPTIEMBRE, 1988

PRUEBAS MASCULINAS DE PISTA

PRUEBA	RÉCORD	ATLETA (PAÍS)	LUGAR	FECHA
100 M	9,58 s	USAIN BOLT (JAMAICA)	BERLÍN, ALEMANIA	16 DE AGOSTO DE 2009
200 M	19,19 s	USAIN BOLT (JAMAICA)	BERLÍN, ALEMANIA	20 DE AGOSTO DE 2009
400 M	43,03 s	WAYDE VAN NIEKERK (SUDÁFRICA)	RÍO DE JANEIRO, BRASIL	14 DE AGOSTO DE 2016
800 M	1:40,91	DAVID RUSHIDA (KENIA)	LONDRES, INGLATERRA	9 DE AGOSTO DE 2012
1500 M	3:26,00	HICHAM EL GUERROUJ (MARRUECOS)	ROMA, ITALIA	14 DE JULIO DE 1998
5000 M	12:37,35	KENENISA BEKELE (ETIOPÍA)	HENGELO, PAÍSES BAJOS	31 DE MAYO DE 2004
10 000 M	26:17,53	KENENISA BEKELE (ETIOPÍA)	BRUSELAS, BÉLGICA	26 DE AGOSTO DE 2005
MARATÓN	2:02:57	DENNIS KIPRUTO KIMETTO (KENIA)	BERLÍN, ALEMANIA	29 DE SEPTIEMBRE, 2014
100 M VALLAS	12,80 s	ARIES MERRITT (EE. UU.)	BRUSELAS, BÉLGICA	7 DE SEPTIEMBRE, 2012
400 M VALLAS	46,78 s	KEVIN YOUNG (EE. UU.)	BARCELONA, ESPAÑA	6 DE AGOSTO DE 1992
RELEVOS 4 X 100	36,84 s	JAMAICA	LONDRES, INGLATERRA	11 DE AGOSTO DE 2012
RELEVOS 4 X 400	2:54,29	EE. UU.	STUTTGART, ALEMANIA	22 DE AGOSTO DE 1993

PRUEBAS FEMENINAS DE PISTA

PRUEBA	RÉCORD	ATLETA (PAÍS)	LUGAR	FECHA
100 M	10,49 s	FLORENCE GRIFFITH-JOYNER (EE. UU.)	INDIANÁPOLIS, EE. UU.	16 DE JULIO DE 1988
200 M	21,34 s	FLORENCE GRIFFITH-JOYNER (EE. UU.)	SEÚL, COREA DEL SUR	29 DE SEPTIEMBRE, 1988
400 M	47,60 s	MARITA KOCH (ALEMANIA ORIENTAL)	CANBERRA, AUSTRALIA	6 DE OCTUBRE DE 1985
800 M	1:53,28	JARMILA KRATOCHVILOVA (CHECOSLOVAQUIA)	MÚNICH, ALEMANIA	26 DE JULIO DE 1983
1500 M	3:50,07	GENZEBE DIBABA (ETIOPÍA)	FONTVIEILLE, SUIZA	17 DE JULIO DE 2015
5000 M	14:11,15	TIRUNESH DIBABA (ETIOPÍA)	OSLO, NORUEGA	6 DE JUNIO DE 2008
10 000 M	29:17,45	ALMAZ AYANA (ETIOPÍA)	RÍO DE JANEIRO, BRASIL	12 DE AGOSTO DE 2016
MARATÓN	2:15,25	PAULA RADCLIFFE (RU)	LONDRES, INGLATERRA	13 DE ABRIL DE 2003
100 M VALLAS	12,20 s	KENDRA HARRISON (EE. UU.)	LONDRES, INGLATERRA	22 DE JULIO DE 2016
400 M VALLAS	52,34 s	YULIYA PECHONKINA (RUSIA)	TULA, RUSIA	8 DE AGOSTO DE 2003
RELEVOS 4 X 100	40,82 s	EE. UU.	LONDRES, INGLATERRA	10 DE AGOSTO DE 2012
RELEVOS 4 X 400	3:15,17	URSS	SEÚL, COREA DEL SUR	1 DE OCTUBRE DE 1988

Una norma aprobada después de 1976 fija en 16 años la edad mínima para participar en unos Juegos Olímpicos. Así pues, el récord de Nadia Comaneci como la campeona más joven de la historia no podrá ser batido.

MARCADOR IMPERFECTO

Los organizadores de los Juegos Olímpicos de 1976 no creían que se pudiera lograr un 10 y por eso el marcador solo tenía tres dígitos. Cuando apareció la puntuación de Comaneci, el público leyó 1,00.

Nadia Comaneci es la campeona olímpica de gimnasia más joven de la historia.

Tras haber recibido el primer 10 perfecto de la historia de los Juegos Olímpicos por su rutina en las barras paralelas, Nadia Comaneci, de 14 años, recibió otros seis 10, entre ellos uno por esta actuación en la barra de equilibrio.

El 10 perfecto

En 1976 **la rumana Nadia Comaneci** se convirtió en la primera en lograr un **10 perfecto** en una prueba de gimnasia olímpica. Pero esa fue solo la primera de sus **siete sobresalientes actuaciones** en los Juegos de 1976 en Montreal que hicieron **historia en el deporte**.

Comaneci se mostró impecable en la barra de equilibrio y encandiló al público con sus gráciles y fluidos movimientos y su firmeza sin parangón.

Hazañas de la ingeniería

Todo cuanto tenemos alrededor demuestra lo que se puede conseguir cuando unos diseños visionarios cobran vida. Transporte intercontinental, espectaculares estructuras que redefinen los paisajes y maravillosas máquinas que revolucionan el futuro representan el esfuerzo de aquellos que realmente han dejado su huella en el mundo.

Los rascacielos de Dubái asoman entre las nubes matutinas. El emirato es famoso por sus altísimas estructuras: tiene el edificio más alto del mundo (Burj Khalifa, 828 m), el hotel más alto (JW Marriott Marquis, 355 m) y el edificio residencial más alto (Princess Tower, 413 m).

En **ruta**

Motor **en marcha**, es hora de **tomar** la carretera de la **historia** para descubrir qué **inventores** fueron **los pioneros** de la **carrera del asfalto**.

Nadie imaginaba la popularidad que cobrarían los coches. En 1903 se decía que los coches «no sustituirían nunca a los caballos» y que eran una «simple moda pasajera». ¡Estaban algo equivocados!

1870
Primer coche de gasolina El inventor austriaco Siegfried Marcus adaptó un motor de combustible líquido a un carretón.

1885
Primer coche de gasolina real Karl Benz fabricó el primer coche diseñado para tener motor de gasolina. Parecía un carro de tres ruedas.

1885
Primera bicicleta con motor de combustión interna Aunque solo lo hizo para probar el motor, al instalarlo sobre una bicicleta Gottlieb Daimler inventó la primera moto de la historia.

1886
Primer coche de cuatro ruedas con motor de cuatro tiempos Lo fabricaron los ingenieros alemanes Gottlieb Daimler y Wilhelm Maybach.

PONER A 100

Un coche conocido como *La Jamais Contente* fue el primero que superó los 100 km/h, en 1899. El piloto Camille Jenatzy llegó a 105,88 km/h en una distancia de 1 km en su coche eléctrico belga.

1769
Primer coche a gran escala
El francés Nicolas-Joseph Cugnot inventó un triciclo propulsado con vapor y lo denominó «carro de vapor».

1801
Primer coche de pasajeros
En su primer trayecto de prueba, Richard Trevithick y su *Puffing Devil* subieron a 8 personas por una cuesta a 6,4 km/h de velocidad.

1894
Primera motocicleta producida en masa
La fábrica alemana Hildebrand & Wolfmüller fue la primera que fabricó motos en masa: más de un millar en dos años.

1888
Primer coche eléctrico de verdad
Se dice que el *Flocken Elektrowagen*, un invento de Andreas Flocken, fue el primer coche eléctrico útil.

A todo **vapor**

Los trenes de vapor formaban parte **del paisaje habitual** de las vías de tren del mundo. Estos trenes fueron los **más rápidos** de su **época**.

El *Rocket* de Stephenson llegó a una velocidad de 48 km/h en 1830.

Muchas de las innovaciones del *Rocket* eran tan buenas que marcaron el diseño básico de las locomotoras hasta el mismo final de la era del vapor.

El 30 de noviembre de 1934 el *Flying Scotsman* se convirtió en el primer tren que superaba los 160 km/h.

El *Mallard* circulaba a una velocidad máxima de 202,6 km/h el 3 de julio de 1938.

La legendaria creación de Stephenson, el *Rocket*, fabricado para el ferrocarril de Liverpool y Manchester en 1829, fue el modelo para los trenes de vapor en los 150 años siguientes. El *Flying Scotsman* y el *Mallard* quizá fueron los trenes de vapor más icónicos de su época.

El ***Flying Scotsman*** cubría el servicio entre **Londres** y **Edimburgo** sin paradas.

BIG BOY

La locomotora de vapor clase 4000 de la American Locomotive Company, conocida como *Big Boy*, fue la más larga de la historia con 25,99 m de largo.

Ases del aire

Imagínate ser el **primer** piloto. Al volar por **rutas desconocidas** con **nueva tecnología**, estos **aviadores** tenían que ser **más que valientes**.

El primer **vuelo transatlántico** duró **16 horas**. El mismo viaje dura **hoy** unas **5 horas**.

1970

El primer Boeing 747, o Jumbo, voló de Nueva York a Londres. Fue el primer avión de fuselaje ancho y mantuvo el récord de capacidad de pasajeros (500) hasta la llegada del Airbus A380 en 2007.

Wright Flyer

1903

El primer vuelo de motor controlado lo hicieron en EE. UU. Orville y Wilbur Wright con su *Wright Flyer*. Estuvo en el aire apenas 12 segundos, lo suficiente para inaugurar la era de la aviación.

Bell X-1

DATOS CURIOSOS

Los aviones no son los únicos con récords de vuelos pioneros.

1783 Primer vuelo tripulado no cautivo: el globo aerostático de los hermanos Montgolfier y sus pasajeros sobrevolaron París, Francia.

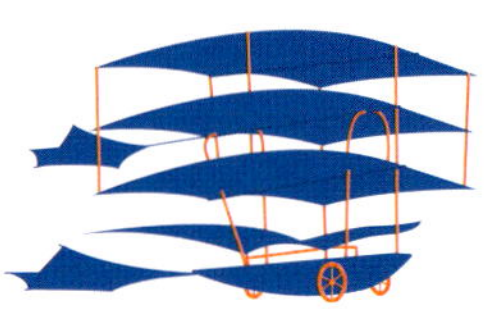

1804 Primer vuelo de una máquina más pesada que el aire: George Cayley fabricó y voló con el primer planeador.

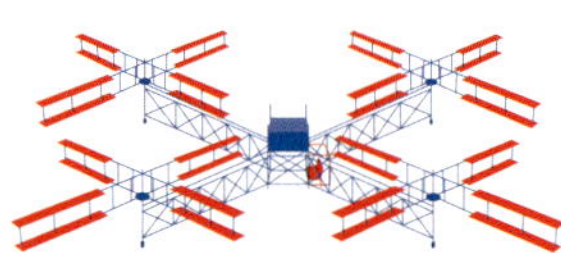

1907 Primer vuelo tripulado en helicóptero: el giroplano n.° 1 de los hermanos Breguet se elevó 0,6 m.

El cielo no era el límite de estos intrépidos viajeros. Cada uno ha establecido un récord en la aviación, ya sea por ser el primer avión de su tipo, volar más distancia o viajar a velocidad supersónica.

1927
El primer vuelo transatlántico completo en solitario lo hizo realidad el estadounidense Charles Lindbergh con su *Spirit of St Louis* volando de Long Island, EE. UU., a París, Francia.

1933
El primer vuelo en solitario alrededor del mundo lo hizo el norteamericano Wiley Post. Ya había dado la vuelta al mundo volando con copiloto; al hacerlo solo lo consiguió en un día menos: 7 días y 18 horas de vuelo.

1939
El primer «turborreactor» fue el Heinkel He 178 V1 alemán.

1975
El primer transporte supersónico (servicio de pasajeros de vuelo más rápido que la velocidad del sonido, 1235 km/h) fue el Tupolev Tu-144 soviético.

2004
El récord oficial del avión más rápido a reacción sin tripular es para el X-43 de la NASA, que alcanzó mach 9,6 (11 760 km/h).

1947
La primera persona en romper la barrera del sonido con un avión fue el piloto de EE. UU. Chuck Yeager con el Bell X-1. La velocidad de los aviones se mide en mach: mach 1 es la velocidad del sonido, mach 2 es el doble, etc.

A toda **velocidad**

El **récord del mundo oficial de velocidad en tierra** está en unos apabullantes **1227,985 km/h**. Lo obtuvo el piloto de caza británico de la RAF **Andy Green** el 15 de octubre de 1997 con el vehículo ***Thrust SSC***.

FUTURO ASPIRANTE

Existen planes en marcha para intentar romper el récord de velocidad en tierra. El *Bloodhound*, de diseño británico, planea viajar a más de 1609 km/h.

Dos turborreactores Rolls-Royce Spey 205 propulsaban el vehículo. Estos motores son los que llevan los cazas de guerra F-4 Phantom II.

DATOS CURIOSOS

Aquí tienes diversos récords de velocidad por batir.

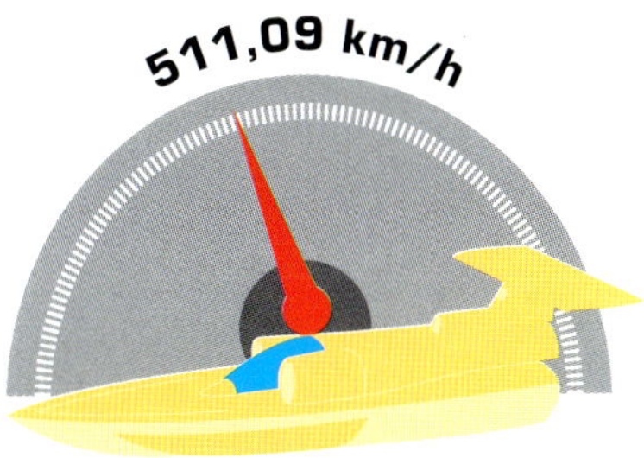

Récord de velocidad sobre agua de Ken Warby con el *Spirit of Australia*, 1978

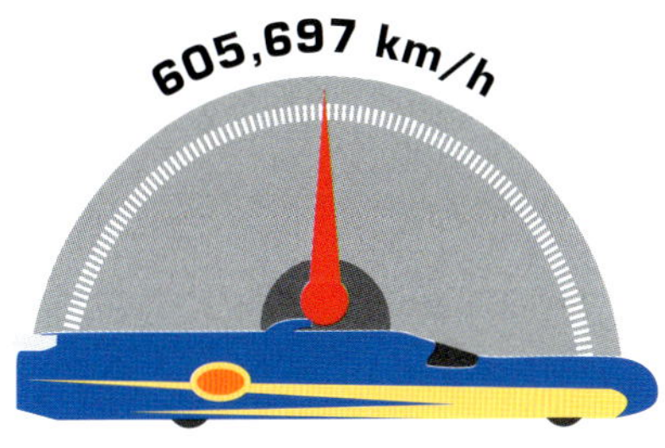

Récord en motocicleta de Rocky Robinson con la *Top Oil-Ack Attack*, 2010

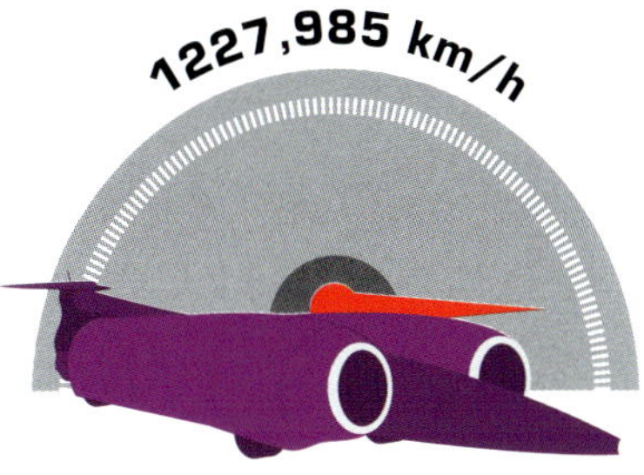

Récord de velocidad en tierra de Andy Green con el *Thrust* SSC, 1997

Aunque el coche se diseñó y fabricó en Gran Bretaña, el intento de récord del mundo se llevó a cabo en el desierto de Black Rock, Nevada, EE. UU. La superficie plana de los lechos de lago del desierto es idónea para intentar establecer récords de velocidad en tierra. Para marcar el récord, Andy Green tuvo que pilotar el *Thrust* dos veces en una hora, en direcciones opuestas, una distancia concreta (1,6 km).

El **SSC** fue el **primer coche** en ir **más rápido** que la **velocidad del sonido**.

Los motores quemaron 18 litros de combustible por segundo.

1227,985 km/h

Con la aerodinámica aleta, la longitud total del coche era de 16,5 m. Medía 3,7 m de ancho y pesaba 10,7 t.

¡Coches!

En 2014 se calculó que había **1250 millones de coches** en el mundo. Pero ¿qué **modelo de coche se ha vendido más** que cualquier otro? ¿Cuál es el coche de producción **más rápido**? ¿Cuál es el **más potente**?

El ***New York Times*** lo bautizó como **escarabajo** en 1939 y el nombre hizo fortuna.

El Volkswagen Escarabajo tiene el récord de más coches vendidos de un único modelo de la historia. La circunferencia de la Tierra mide 40 075 km; si todos los 21 529 464 Escarabajos vendidos entre 1938 y 2003 se colocaran en fila uno tras otro, darían 2,15 vueltas al planeta.

El diseño original del chasis del Escarabajo es la creación de una estudiante húngara, Béla Barényi, en 1925, cuando solo tenía 18 años.

OTROS COCHES DE RÉCORD

El coche más vendido: el Toyota Corolla, del que se han vendido más de 40 millones de coches con este nombre desde que se lanzó en 1966 (aunque ha habido muchos modelos diferentes).

El coche más pequeño del mundo: el Peel P50, fabricado en el Reino Unido medía 137 cm de largo y 99 cm de ancho y pesaba 59 kg. Solo se produjeron 50 unidades.

El más rápido en llegar a 100 km/h: el Porsche 918 Spyder de 2015 es el coche con mayor aceleración del mundo. Pasa de 0 a 100 km/h en tan solo 2,2 segundos.

El coche de producción más rápido: el Koenigsegg Agera RS sueco logra una velocidad máxima de 447,2 km/h, la más rápida de cualquier coche de producción de la historia.

El motor más potente de un coche de producción: el Bugatti Chiron es el más potente del mundo con sus 1479 caballos de potencia. Su velocidad máxima es de 420 km/h.

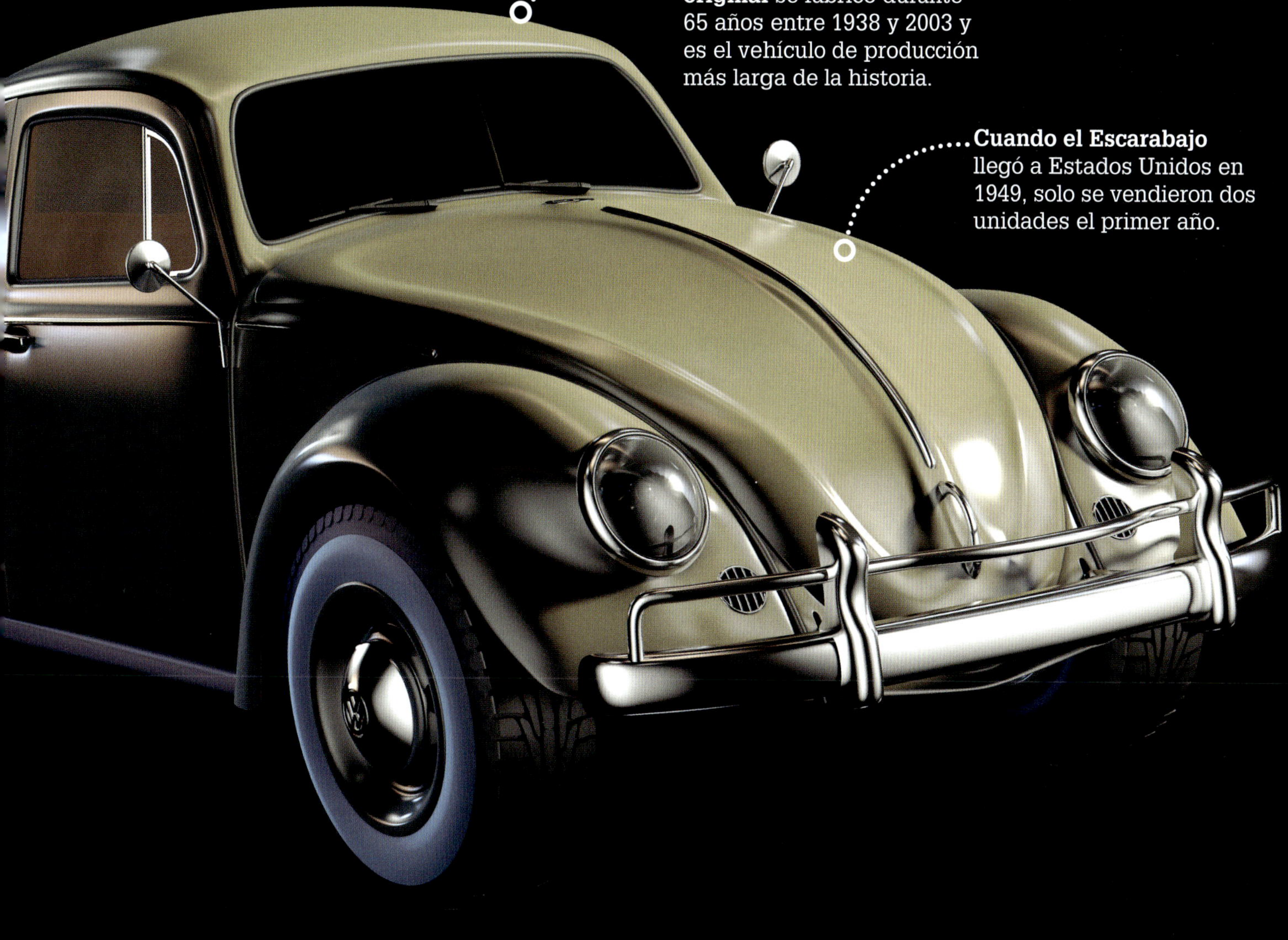

El modelo de Escarabajo original se fabricó durante 65 años entre 1938 y 2003 y es el vehículo de producción más larga de la historia.

Cuando el Escarabajo llegó a Estados Unidos en 1949, solo se vendieron dos unidades el primer año.

Por la buena **vía**

TRENES PUNTEROS

El tren más rápido de un sistema ferroviario nacional
Un TGV V150 (arriba) marcó el récord del mundo de velocidad, 574,8 km/h, en la línea entre París y Estrasburgo, Francia, el 3 de abril de 2007.

El tren más rápido
Un tren de levitación magnética de la Central Japan Railway Company llegó a una velocidad de 603 km/h en una vía de pruebas el 21 de abril de 2005.

La ruta ferroviaria más larga
La ruta ferroviaria más larga del mundo cubre 10 214 km entre Moscú (Rusia) y Pionyang (Corea del Norte). El viaje dura 206 horas.

La tecnología ha **transformado** la manera de viajar. **Con los trenes** actuales podemos ir **más arriba, más rápido y más lejos** que nunca.

La línea Qinghai-Tíbet mide 1956 km y conecta las ciudades de Xining (China) y Lhasa (Tíbet). Esta vía incluye la sección ferroviaria más alta del mundo (5072 m).

El **viaje** entre Xining y Lhasa dura **20 horas y 55 minutos** de punta a punta.

Sus trenes están especialmente diseñados para trabajar a esa altitud extrema. Unos 960 km de la vía transcurren por encima de los 4000 m.

Esta nave cuenta con 16 cubiertas y un tobogán de agua de 30,5 m de caída.

El mayor crucero
Botado en 2018, el *Symphony of the Seas* mide 362 m de eslora y 65 m de manga. Dispone de 2774 camarotes para 5500 pasajeros.

La mayor limusina
El *American Dream* fue el coche más largo de la historia. Esta limusina de 30,5 m tenía 24 ruedas y el centro articulado para poder doblar esquinas. ¡Esta lujosa limusina disponía incluso de helipuerto y *jacuzzi*!

Desde los más colosales cruceros hasta suntuosos superyates y fastuosas limusinas, aquí tienes algunos de los medios de transporte más grandes y caros de la historia.

El coche más caro
Una de las solo 39 unidades fabricadas del Ferrari 250 GTO Berlinetta de 1962 se vendió en 2014 por 32 690 000 euros, convirtiéndolo así en el coche más caro jamás subastado.

Viajar con **estilo**

¡Todos a bordo! Ya haya que viajar por tierra o mar, estos vehículos y naves **de récord** son todos **de primera clase**.

SYMPHONY OF THE SEAS

El mayor superyate
Construido en Alemania en 2013, el *Azzam* tiene 180 m de eslora. Su sistema de propulsión a chorro le permite alcanzar los 31,5 nudos (58 km/h) de velocidad.

El yate más caro
El *History Supreme* se calcula que tiene un valor de 4100 millones de euros, principalmente por los 100 000 kg de oro y platino que recubren su casco, área de comedor, cubierta, pasamanos y ancla.

Grandes **del cielo**

La aeronave más grande: Hindenburg LZ 129
245 m de largo

Crear aeronaves más grandes y mejores ha sido un gran reto desde el primer vuelo a motor en 1903. Pero el tamaño no siempre indica superioridad: el *Hindenburg* (con una capacidad de 72 pasajeros) solo duró 14 meses antes de ser destruido por el fuego en 1937.

La aeronave de carga más grande: Antonov An-225
84 m de largo

El avión comercial de pasajeros más grande: Airbus A380
73 m de largo

El hidroavión más grande: Hughes H-4 Hercules
67 m de largo

Por su **gran envergadura**, por su capacidad de transportar **grandes pesos**, por ser **la más grande**... estas son algunas de las **mayores** aeronaves.

El planeador más grande:
Messerschmitt ME 321
28 m de largo

El *Hindenburg* fue el **objeto más grande** de la historia que logró **volar.**

El mayor helicóptero:
Mil Mi-26
34 m de largo

El biplano más grande:
Navy Curtiss NC-4
20,8 m de largo

DATOS CURIOSOS

El avión más pequeño capaz de transportar a una persona fue el Bumble Bee II, un biplano que hizo un vuelo en 1988 antes de estrellarse. Era más pequeño que un motor de Airbus A380 y tenía una envergadura de apenas 1,68 m.

Turbina de motor de A380: 2,95 m de ancho

Bumble Bee II: 2,69 m de largo

GIGANTE VOLADOR

Con sus 245 m de longitud, el *Hindenburg* era el avión rígido más grande de la historia; de hecho, continúa con el récord del mayor avión en vuelo de la historia. Se fabricó en Alemania y voló desde marzo de 1936 hasta su destrucción en un incendio el 6 de mayo de 1937 cuando intentaba aterrizar en Lakehurst, Nueva Jersey, EE. UU.

Los imanes deben estar a –271 °C, más fríos que en el espacio exterior.

En la línea de luz las partículas viajan a alta velocidad en sentidos opuestos hasta que chocan entre sí.

Partículas veloces

En el subsuelo de Francia y Suiza se encuentra el **Gran colisionador de hadrones**, la **mayor máquina** del mundo y el **más potente** acelerador de partículas. Con él, los científicos investigan la **física de partículas**.

El Gran colisionador de hadrones realiza un experimento a gran escala: hace chocar dos haces de partículas a una velocidad extrema en su enorme anillo de 27 km. Los científicos intentan reproducir lo que pasó en el Big Bang.

EXPERIMENTOS SUBTERRÁNEOS

El acelerador de partículas se compone de dos túneles circulares subterráneos. Las líneas en amarillo y azul de esta fotografía indican la ruta que siguen los túneles. En su interior se fuerza a las partículas a viajar casi a la velocidad de la luz y a chocar en cuatro puntos. En cada área se realiza un experimento distinto de fuerzas y energía.

Mega**máquinas**

Algunas máquinas tienen un **tamaño enorme**. Se usan para **mover tierra**, **transportar objetos enormes** (como cohetes espaciales), o **excavar a cielo abierto**.

Los cubos gigantes de esta enorme rueda excavan la tierra.

Con su altura de 96 m, *Bagger* 293 también es el vehículo terrestre más alto del mundo.

EL MAYOR VEHÍCULO AUTÓNOMO

Con un peso de 2468 t y unas dimensiones de 40 x 35 m, el transportador *Crawler* de la NASA, usado para llevar naves espaciales, es el vehículo autónomo más grande del mundo.

Con su colosal peso de 14 200 t, la excavadora de rueda dentada *Bagger* 293 es el vehículo terrestre más pesado del planeta. Pertenece a una empresa minera alemana y se usa para excavar una enorme mina cerca de Hambach, Alemania.

El *Bagger* 293 retira material suficiente para llenar **2500 vagones de tren** cada día.

Muros **míticos**

Durante **miles de años** se han construido muros, paredes y murallas para tapar, **defenderse**, **protegerse o separar**. Los que han superado el **paso del tiempo** siguen haciendo historia hoy en día.

En 1985, tres amigos chinos tardaron 508 días en recorrer toda la muralla.

La muralla romana más larga
El Muro de Adriano cubre 117 km del norte de Inglaterra. Tiene los récords del mundo de muralla romana más larga, pieza romana más antigua y muralla más larga de Europa. El emperador romano Adriano ordenó su construcción el año 122 d. C. para protegerse de los bárbaros del norte.

La muralla más larga del mundo
La Gran Muralla China, con sus excepcionales 8851 km por el norte de China, es la muralla más grande del mundo. En principio se construyó para proteger China de los invasores del norte. Algunas secciones de la muralla tienen una altura de 12 m y un grosor de 10 m.

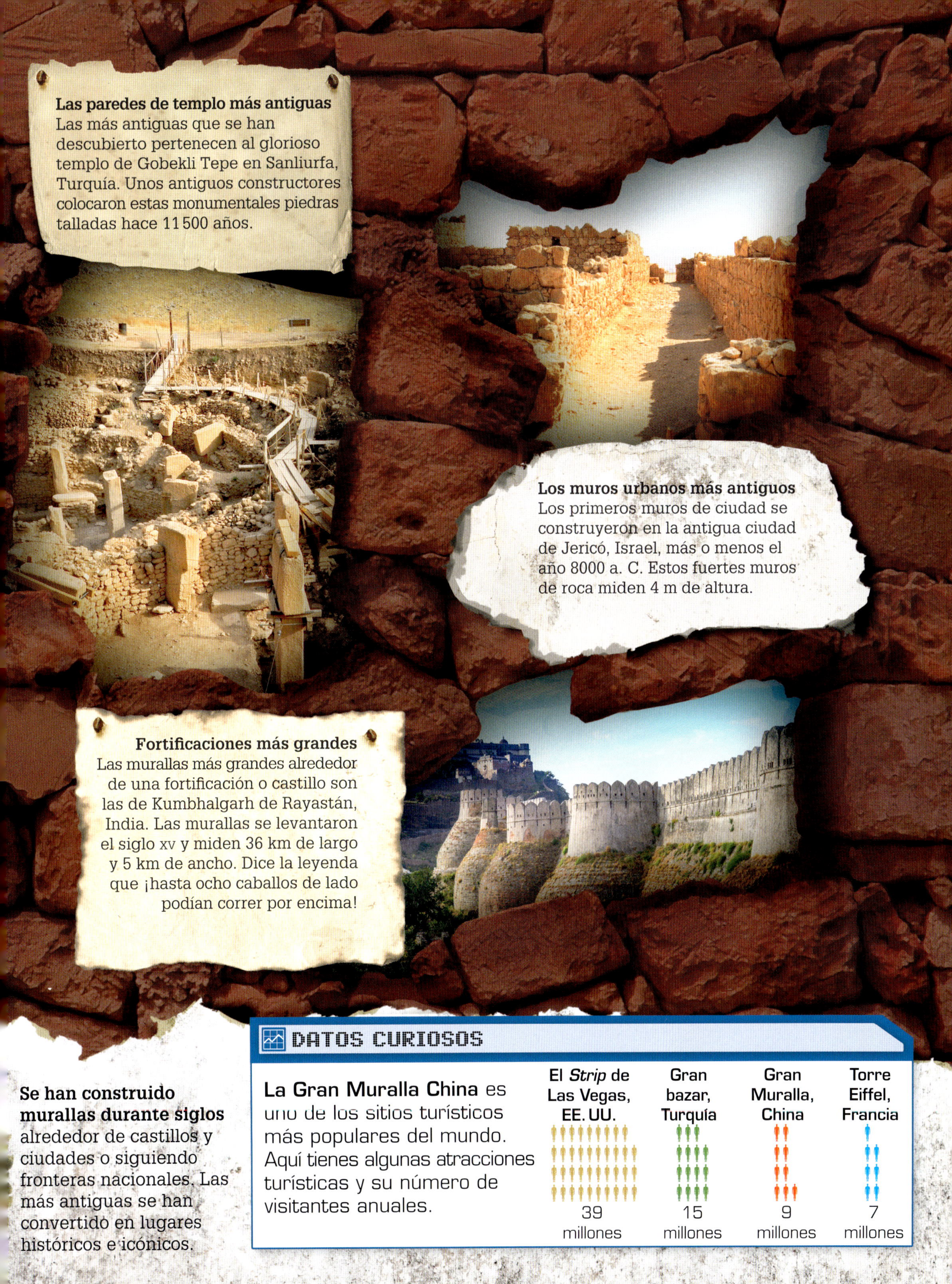

Las paredes de templo más antiguas
Las más antiguas que se han descubierto pertenecen al glorioso templo de Gobekli Tepe en Sanliurfa, Turquía. Unos antiguos constructores colocaron estas monumentales piedras talladas hace 11 500 años.

Los muros urbanos más antiguos
Los primeros muros de ciudad se construyeron en la antigua ciudad de Jericó, Israel, más o menos el año 8000 a. C. Estos fuertes muros de roca miden 4 m de altura.

Fortificaciones más grandes
Las murallas más grandes alrededor de una fortificación o castillo son las de Kumbhalgarh de Rayastán, India. Las murallas se levantaron el siglo XV y miden 36 km de largo y 5 km de ancho. Dice la leyenda que ¡hasta ocho caballos de lado podían correr por encima!

Se han construido murallas durante siglos alrededor de castillos y ciudades o siguiendo fronteras nacionales. Las más antiguas se han convertido en lugares históricos e icónicos.

DATOS CURIOSOS

La Gran Muralla China es uno de los sitios turísticos más populares del mundo. Aquí tienes algunas atracciones turísticas y su número de visitantes anuales.

El *Strip* de Las Vegas, EE. UU.	Gran bazar, Turquía	Gran Muralla, China	Torre Eiffel, Francia
39 millones	15 millones	9 millones	7 millones

Puentes vertiginosos

Los puentes actuales son mucho más que algo para cruzar un río u otro obstáculo insalvable; algunos son **grandes hazañas de la ingeniería** que es necesario ver para creer.

El puente Duge, cerca de Liupanshui, China, es el más alto del mundo. El viaducto está suspendido a 565 m del río Beipan, en el fondo del profundo valle inferior.

El puente Duge es el primer puente del mundo que supera la barrera de los 500 m de altura. También es el primer puente suspendido en cables con el título del puente más alto del mundo.

El puente salva 720 m de longitud. Las obras empezaron en 2011 y terminador el 10 de septiembre de 2016.

El puente sobresaldría de las torres Petronas, de Kuala Lumpur, que con sus 451,9 m fueron el edificio más alto del mundo entre 1998 y 2004.

El puente útil más antiguo del mundo cruza el río Meles, Turquía. Se remonta al **850 a. C.**

EL MÁS ALTO, EL MÁS LARGO

El puente más alto del mundo: el viaducto de Millau, Francia (abajo), mide 343 m de la parte superior a la inferior de la estructura.

El puente más largo del mundo: el gran puente Danyang-Kunshan del ferrocarril Shanghái-Pekín, China, tiene la increíble longitud de 164,8 km.

El puente más largo sobre el agua (continuo): la calzada del lago Pontchartrain en Luisiana, EE. UU., tiene una longitud de 38,442 km.

El puente suspendido en cables más largo: el puente Russky de Vladivostok, Rusia, tiene una longitud de 1104 m.

Construir para tocar **el cielo**

A lo largo de la historia, un total de **25 estructuras** han tenido el honor de ser el **edificio más alto del mundo**. El título actual es para los 828 m del **Burj Khalifa,** en Dubái, Emiratos Árabes Unidos.

LA MAYOR DE LAS PIRÁMIDES

La gran pirámide de Guiza, cerca de El Cairo, Egipto, se levantó durante un período de 20 años, que finalizó hacia el 2560 a. C. Con 146,6 m fue la estructura artificial más alta del mundo durante 3800 años, todo un récord.

Los primeros edificios más altos del mundo eran pirámides y estructuras religiosas. Sin embargo, el uso del acero en la construcción a partir del siglo XIX acabó llevando al surgimiento del rascacielos.

DATOS CURIOSOS

La torre Jeddah, en Arabia Saudita, se convertirá en el edificio más alto del mundo cuando se complete, según lo planificado, en 2020. Con su enorme altura de 1000 m, tendrá 172 m más que el poseedor del récord actual, el Burj Khalifa de Dubái.

La parte superior del Burj Khalifa es 6 °C más fría que la parte inferior.

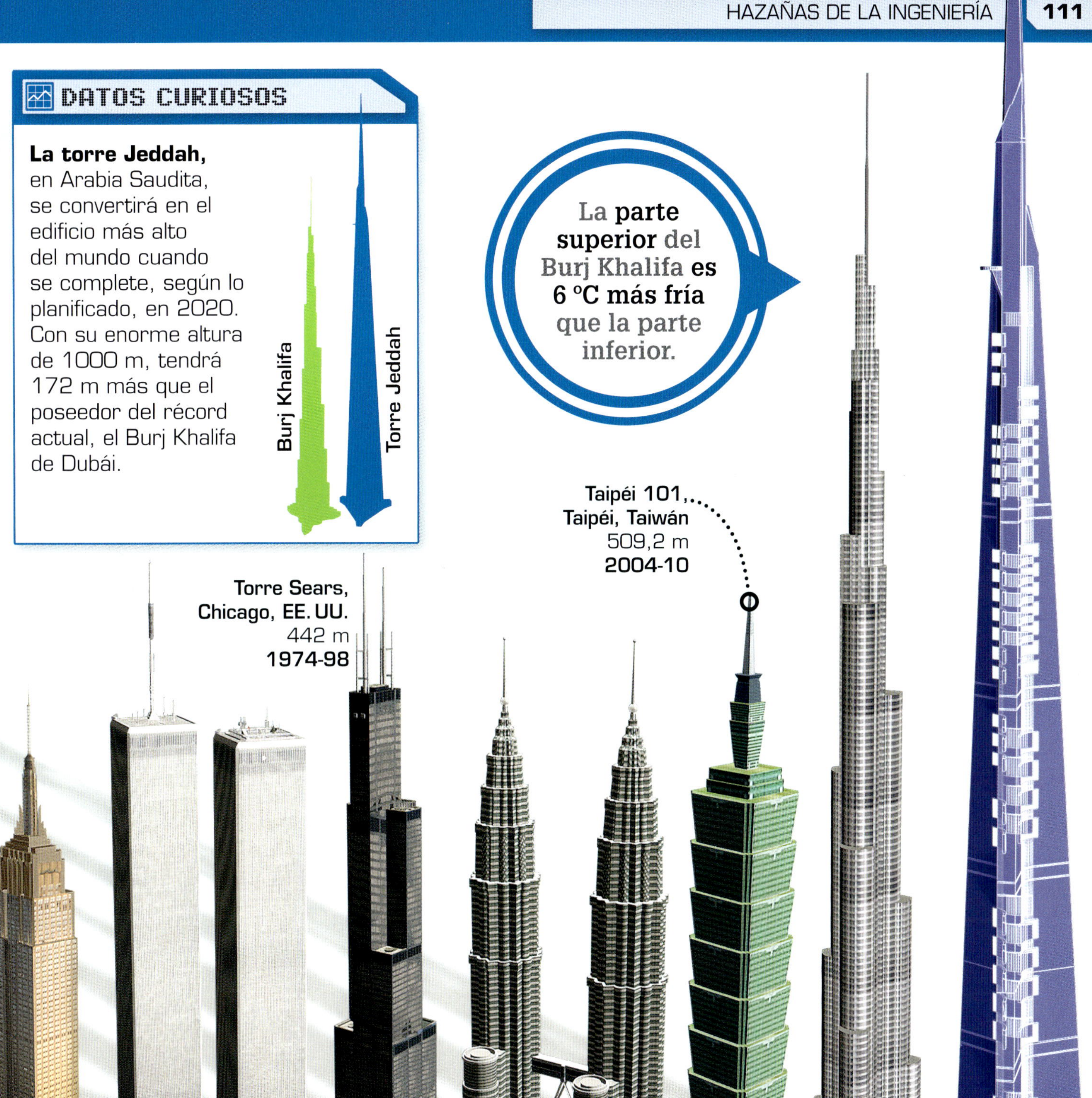

Empire State Building, Nueva York, EE. UU.
381 m
1931-72

World Trade Center, Nueva York, EE. UU.
417 m
1972-74

Torres Petronas, Kuala Lumpur, Malasia
451,9 m
1998-2004

Burj Khalifa, Dubái, EAU
828 m
2010-

Torre Jeddah, Arabia Saudita
1000 m

Datos de ingeniería

Los grandes edificios no siempre son **altos**; algunos solo **cubren una enorme área**. Aquí tienes dos de los **mayores edificios en volumen**.

LA MAYOR SUPERFICIE

INAUGURADO EN 2013, **EL CENTRO GLOBAL NUEVO SIGLO ES UN EDIFICIO POLIVALENTE DE CHENGDU, CHINA**. TIENE MÁS SUPERFICIE QUE CUALQUIER OTRO EDIFICIO DEL MUNDO: **1,7 MILLONES DE M²**. ES TAN GRANDE QUE EN SU INTERIOR CABRÍA LA POBLACIÓN DEL **PRINCIPADO DE MÓNACO**.

EL MAYOR MUSEO DEL MUNDO

LO QUE ORIGINALMENTE ERA UNA FORTALEZA **HA ACABADO SIENDO EL MAYOR MUSEO DEL MUNDO: SE TRATA DEL LOUVRE, EN PARÍS, FRANCIA.** CUBRE UN ÁREA DE MÁS DE **210 000 M²**.

INCREÍBLES TÚNELES

LOS TÚNELES sirven para **TRANSPORTAR TRENES, COCHES** y también **AGUA**. Algunos cruzan **montañas** y otros van incluso por **debajo del mar**. Pero ¿cuáles son los **MÁS LARGOS DEL MUNDO?**

EL TÚNEL DE CARRETERA MÁS LARGO:
TÚNEL LAERDAL (LAERDAL, AURLAND, NORUEGA), 24,51 KM

EL TÚNEL SUBMARINO MÁS LARGO:
EUROTÚNEL (INGLATERRA-FRANCIA), 37,9 KM

EL TÚNEL MÁS LARGO CON SECCIÓN SUBMARINA:
TÚNEL SEIKAN (JAPÓN), 57,85 KM, 23,3 KM DE ELLOS BAJO EL LECHO MARINO

EL TÚNEL DE SUMINISTRO DE AGUA MÁS LARGO:
ACUEDUCTO DE DELAWARE (NUEVA YORK, EE. UU.), 137 KM

Perforado a través de los **Alpes suizos**, el **túnel de base de San Gotardo**, inaugurado el 1 de junio de 2016, es el **túnel ferroviario más largo** del mundo.

Chrüzlistock
2717 M

NORTE (hacia Zúrich, Suiza)

SUIZA

EL TÚNEL FERROVIARIO MÁS LARGO: TÚNEL DE BASE DE SAN GOTARDO (SUIZA), 57,1 KM

OBRAS EN MARCHA

Algunos edificios no se acaban: algunos empiezan con mucha ambición para terminar **abandonados; otros siguen sin completar** más de **un siglo** después **de empezar las obras**.

LAS OBRAS DE LA SAGRADA FAMILIA, LA BASÍLICA DISEÑADA POR EL ARQUITECTO ANTONI GAUDÍ EN BARCELONA, ESPAÑA, EMPEZARON EN 1882. HOY AÚN NO HAN FINALIZADO.

LA TORRE NAKHEEL EN DUBÁI, EAU, SE DISEÑÓ PARA SER LA TORRE MÁS ALTA DEL MUNDO CON MÁS DE 1 KM DE ALTURA HASTA EL CHAPITEL. LAS OBRAS EMPEZARON EN 2008 PERO SE CANCELARON EN 2009 TRAS ACUMULAR MÁS DE 32 000 MILLONES DE EUROS EN COSTES.

EDIFICIOS CURIOSOS

No todos los edificios son de **hormigón** o **ladrillo**. Aquí tienes algunos **edificios insólitos del mundo**.

LA PAGODA DE MADERA MÁS ALTA
CONSTRUIDA EN 1056, LA PAGODA SAKYAMUNI DE SHANXI, CHINA, SE ERIGE HASTA LOS 67,31 M. HA RESISTIDO MÁS DE 960 AÑOS DE INCLEMENCIAS METEOROLÓGICAS Y TERREMOTOS.

EL EDIFICIO DE PAPEL MÁS GRANDE
ESTA CASA DE PAPEL SE CONSTRUYÓ EN BANGKOK, TAILANDIA, EN OCTUBRE DE 2003. ESTABA HECHA TODA DE PAPEL Y MEDÍA 15,2 M DE ANCHO, 17,9 M DE LARGO Y 6,4 M DE ALTO.

EL EDIFICIO DE BARRO MÁS GRANDE
CON 100 M DE LARGO, 40 M DE ANCHO Y 16 M DE ALTO, LA GRAN MEZQUITA DE DJENNÉ, MALI, ES EL MAYOR EDIFICIO HECHO CON ADOBE (BARRO) DEL MUNDO. SE CONSTRUYÓ EN 1907 BASÁNDOSE EN UN DISEÑO DEL SIGLO XI.

Piz Vatgira
2982 M

Pizzo dell'Uomo
2663 M

El nombre del túnel se debe al macizo de San Gotardo, que cruza por debajo.

MACIZO DE SAN GOTARDO

SUR (hacia Milán, Italia) 

Planeta vivo

El mundo natural ofrece un rico tapiz de fantásticos animales y plantas. En la época de los dinosaurios, rivales gigantes competían en tamaño y fuerza. Actualmente contamos con una enorme variedad de especies entre las que están algunas de las más fabulosas de la Tierra.

Millones de mariposas monarca realizan la migración más larga de las mariposas al volar 4830 km desde Canadá y el norte de EE. UU. hacia California y México para pasar el invierno. Solo las mariposas nacidas a finales de verano y principios de otoño realizan este increíble viaje de ida y vuelta, una única vez en su vida.

Récords animales

¿Qué animal tiene la **nariz más larga**, los ojos más grandes, la **vista más aguda?** Tal vez te **sorprenda** saberlo.

Algunos animales tienen curiosas habilidades: oyen bajo el agua, recogen insectos con la lengua o ven en la oscuridad para poder volar. A veces desarrollan características increíbles, como una trompa flexible o un enorme colmillo afilado.

El colmillo más largo
El larguísimo colmillo del narval es realmente un diente especializado. Puede llegar a 2,5 m. En relación con el tamaño del cuerpo, es el colmillo más largo.

El mordisco más potente
El cocodrilo marino muerde con una fuerza de 5800 newtons, el mordisco más potente entre los animales terrestres. El tiburón blanco muerde aún más fuerte: 9000 newtons.

La lengua más larga
El oso hormiguero gigante tiene una lengua muy muy larga (61 cm de longitud), la más larga entre los animales terrestres. Es pegajosa y con ganchos para recoger su comida principal: insectos.

La mayor amplitud acústica
Las marsopas tienen una enorme amplitud acústica: hasta 150 000 kHz (kilohercios), por 46 000 kHz los perros y 20 000 kHz los humanos. Algunos peces, como el sábalo americano, llegan a 180 000, algo más que su predador: la marsopa.

La nariz más larga
La trompa del elefante africano es la nariz más larga del reino animal. Además de tener gran sensibilidad para recoger cosas pequeñas y la fuerza suficiente para ahuyentar a un león, también detecta un enorme abanico de olores.

La mejor visión nocturna en insectos
Esta abeja, la abeja carpintera nocturna, puede volar de noche, encontrar alimento y distinguir colores incluso sin luna. Los esfíngidos nocturnos también perciben los colores de noche.

El elefante africano tiene las orejas más grandes: más de 1 m de longitud.

El ojo más grande
Los calamares colosales son unas criaturas descomunales; por eso no sorprende que tengan los ojos más grandes del reino animal. Cada ojo tiene un diámetro de unos 28 cm; más o menos como un plato.

Por el **carril** rápido

Aquí tienes las criaturas **más veloces** por **tierra**, **agua** y **aire**. ¿Cuál de ellas se haría con el **oro** en una **carrera**?

El guepardo es famoso por ser el esprínter más rápido de tierra firme, pero no tiene posibilidad alguna contra el pez vela oceánico. Ambos no tienen otra opción que no sea ver cómo les deja atrás el animal más rápido en el aire: el halcón común. Cuando esta ave baja en picado para cazar a su presa casi cuadruplica la velocidad del guepardo.

DATOS CURIOSOS

Resistencia y gran zancada suelen ganar al esprínter. El antílope americano gana al guepardo en carreras de larga distancia.

Los antílopes son los animales más rápidos en distancias largas, a 56 km/h durante 6 km. Tienen una zancada de 9 m y un esprint de 88,5 km/h.

Los avestruces son el bípedo más rápido, con un esprint de 72 km/h y una velocidad mantenida de 40 km/h durante 2 km.

DATOS CURIOSOS

El ave más grande, el avestruz, también pone el huevo más grande. Un ejemplar pesó 2,59 kg. El huevo más pequeño lo pone el colibrí zumbadorcito y pesa poco más de 0,36 g; minúsculo comparado con el típico huevo de gallina, que pesa 53 g.

El más parlanchín
El loro yaco habla por los codos: puede aprender hasta 1000 palabras.

El más pequeño
El minúsculo colibrí zumbadorcito es el ave más pequeña: mide tan solo 5-6 cm.

El más grande
El avestruz puede medir hasta 2,8 m, lo que le convierte en la mayor ave del planeta. También es el ave más rápida sobre la Tierra: puede correr a una velocidad máxima de 72 km/h.

Aves **curiosas**

Las aves pueden **surcar el cielo** y **correr** por el suelo. Algunas tienen **enormes picos** para pescar, y los de otras son pequeños, para libar **néctar** de las flores.

La mayor envergadura
Estas enormes alas pertenecen a un albatros viajero. Miden 2,5-3,5 m y le permiten planear sin apenas esfuerzo por las corrientes de aire.

El pico más largo
El ave con el pico más largo es el pelícano australiano: puede medir hasta 47 cm de longitud: ¡igual de largo que tres salchichas en fila!

El pájaro más longevo
¿Es esta el ave más longeva? El flamenco más viejo, seguro que sí. Este flamenco, de nombre *Greater*, vivió en el zoo de Adelaida, Australia, hasta los 83 años.

Un albatros viajero **llegó a volar** 6000 km **en 12 días.**

UNA GRAN FAMILIA

Esta espectacular concentración de periquitos de vivo color verde tiene lugar en la pradera de Australia central. Hasta 10 000 aves revolotean cada mañana buscando agua y forman el mayor grupo de periquitos del planeta. Se posan unos instantes para beber antes de volver a emprender el vuelo.

La migración terrestre más larga
El caribú, también conocido como reno, vive en Norteamérica y se desplaza hacia el sur cuando se acerca el invierno huyendo del frío extremo. Pasan los meses de invierno en los bosques y vuelven al norte para criar. Recorren un total de 3000 km, reflejados con la flecha púrpura en el mapa.

TROTAMUNDOS

Millones de libélulas rayadoras naranja se cree que abandonan la India y cruzan el mar hacia África cada año. Ninguna libélula hace todo el trayecto (18 000 km), sino que lo hacen cuatro generaciones de insectos, que se detienen en las islas para aparearse y poner huevos durante la ruta.

Se registró un trayecto migratorio de **un tiburón blanco** de **20 000 km.**

La migración marina más larga
Tras pasar el verano alimentándose en las aguas polares, las yubartas viajan hasta aguas tropicales para parir a sus crías. Las madres y sus ballenatos regresan a los polos para volver a alimentarse, con lo que acumulan un total de 16 000 km, correspondientes a las flechas azules del mapa. Las ballenas grises puede que realicen migraciones incluso más largas.

DATOS CURIOSOS

El salmón común tiene un curioso ciclo de vida. Cada ejemplar migra desde el río donde nace hacia el mar. Cuando son adultos, deshacen el camino para volver al mismo río donde nacieron para aparearse, poner huevos y finalmente vuelven al océano.

Cría
Huevos
Pez inmaduro
Alevín
Adulto

Muchos animales, especialmente las aves, migran para escapar del frío invierno. A menudo parten en grupos y siguen la misma ruta año tras año; los jóvenes aprenden el camino de sus progenitores.

La migración aérea más larga
El charrán ártico es un ave extraordinaria: realiza la mayor migración del reino animal. Cada año pasa el verano en el Ártico, vuela hasta el Antártico a gozar del verano para acabar volviendo otra vez al Ártico (75 000 km anuales de ida y vuelta). La flecha roja del mapa ilustra su ruta.

Largo **camino**

Cada año **un gran número** de animales protagoniza **largos viajes** buscando alimento, pareja o mejor clima. Además de largas, estas **migraciones** son también **peligrosas**.

Gigantes del océano

La **ballena azul** es famosa por ser el **animal más grande** del mundo. Pero **¿es realmente así?**

Los tentáculos de la medusa melena de león son más largos que la ballena azul.

La medusa más grande: medusa melena de león **2,3 m de ancho**

La umbrela de la medusa (su cuerpo) quizá es grande, pero ni punto de comparación con sus tentáculos más largos, que pueden llegar a los 36,5 m.

El animal más grande de la historia: ballena azul **32,6 m**

El agua de los océanos soporta el peso del cuerpo de los animales marinos, lo que les permite llegar a tamaños imposibles en tierra firme. La típica ballena azul pesa 30 veces más que un elefante: ¡no hay patas capaces de resistirlo!

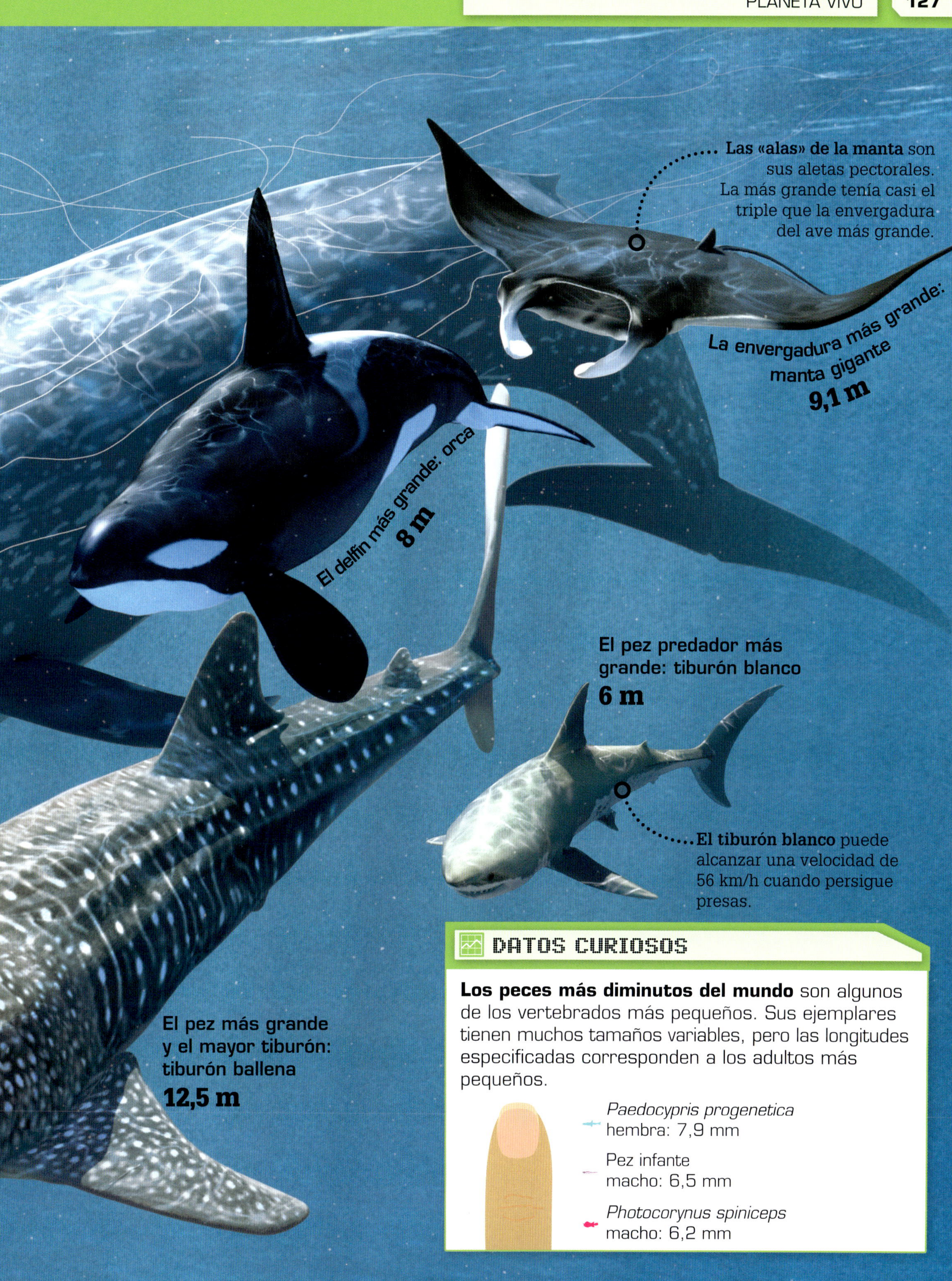

DATOS CURIOSOS

Los peces más diminutos del mundo son algunos de los vertebrados más pequeños. Sus ejemplares tienen muchos tamaños variables, pero las longitudes especificadas corresponden a los adultos más pequeños.

Paedocypris progenetica
hembra: 7,9 mm

Pez infante
macho: 6,5 mm

Photocorynus spiniceps
macho: 6,2 mm

Minibestias

Estas **poderosas minibestias** quizá no serán bienvenidas en tu próximo pícnic. Son algunos de los **pesos pesados** del mundo de los insectos.

El vuelo más rápido
Se ha observado que cuando un tábano persigue a su pareja puede alcanzar una velocidad de 145 km/h.

La oruga más grande
Con 15 cm de longitud, el diablo cornudo del nogal es casi tan largo como un plátano. Aunque parezca temible, sus pinchos no pican.

El insecto más largo
Un insecto palo (*Phryganistria chinensis Zhao*) de 62,4 cm se descubrió en el sur de China en 2014. Se midió desde la punta de las patas delanteras hasta la de las traseras.

El escarabajo más largo
El escarabajo hércules es una impresionante criatura de la selva tropical de América Central y Sudamérica. Puede medir hasta 17 cm y levantar 8 kg, 80 veces su propio peso.

DATOS CURIOSOS
1. Hormiga roja de fuego
3. Hormiga aterciopelada
4. Hormiga bala
Pequeña descarga eléctrica
Aceite caliente en la mano
Pie con clavos sobre rescoldos
El doctor estadounidense Justin Schmidt ideó un índice para medir y describir el dolor de las picadas de los insectos. El 4 es el dolor más fuerte.
El que salta más
El cercopoideo común es el campeón de salto: puede saltar 70 cm, más que una pulga.
La probóscide más larga
l esfíngido nocturno iene una probóscide o trompa) muy larga que puede llegar hasta los 28 cm. La polilla se alimenta de néctar del fondo de flores muy profundas.
Los insectos han desarrollado características extraordinarias para poder proliferar en su entorno. Ya sea crecer mucho o saltar muy arriba, todos estos insectos son unos campeones.
El más pequeño
Estas minúsculas calcioideas solo se ven con lupa. Miden la quinta parte de un milímetro.
El insecto más pesado
El weta gigante vive entre las hojas caídas de Nueva Zelanda y suele pesar 20-30 g. No obstante, se encontró una hembra preñada que pesaba 70 g.
Incluso la más pequeña de las crías de insecto palo medía 26 cm al nacer.

La más larga
La serpiente más larga es la pitón reticulada. Existen casos documentados de 10 m de longitud, aunque en general están sobre los 7 m.

La más venenosa
Cuidado con esta: su mordedura es letal. La serpiente de escamas pequeñas vive en Australia y es la más venenosa del mundo: una mordedura mataría a 100 personas.

Los colmillos más largos
La víbora del Gabón se arrastra por las selvas tropicales y sabanas de África central con los colmillos más largos entre las serpientes: 5 cm.

La más pequeña
Esta diminuta serpiente solo mide 10 cm de largo y es fina como un espagueti. Se denomina serpiente de hilo de Barbados.

Superserpientes

Algunas serpientes miden **metros**, otras pueden dar una **mordedura letal** con sus **colmillos de aguja**. Sin embargo, la mayoría no atacan si no se las molesta.

La más rápida
La mamba negra vive en África y es muy venenosa; se mueve muy deprisa. Puede alcanzar una velocidad de más de 11 km/h, lo que la convierte en un predador terrorífico.

Lo único negro que tiene la mamba negra es el interior de la boca.

El tamaño varía, desde pitones anchas como el antebrazo hasta las serpientes de hilo que parecen tallarines. También hay feroces serpientes de largos colmillos capaces de dar una terrible mordedura.

DATOS CURIOSOS

La anaconda común es la serpiente más pesada del mundo, con un peso máximo de 227 kg, el mismo que dos canguros rojo macho y medio, con un peso de 90 kg cada uno.

Ciudad de perritos de las praderas
Una red de madrigueras de perritos de las praderas de Texas, EE. UU., cubría 65 000 km², el tamaño del estado de Virginia Occidental, o de Lituania. Alojaba más de 400 millones de ejemplares.

Récords roedores

Desde el diminuto jerbo hasta el **enorme carpincho**, hay una gran variedad de **roedores**. Algunos excavan enormes **madrigueras** subterráneas para vivir y criar.

El roedor más saltarín
La rata canguro salta hasta una altura de 2,75 m. Sus patas posteriores son muy largas y pesa menos de 128 g.

El roedor con más pinchos
El puercoespín tiene largas espinas, o púas, para protegerse de los predadores. Las púas del puercoespín norteafricano miden hasta 35 cm de longitud.

El roedor más pequeño
El minúsculo jerbo pigmeo egipcio mide tan solo 4,4 cm de la cabeza hasta la base de la cola (la cola sola mide 8 cm).

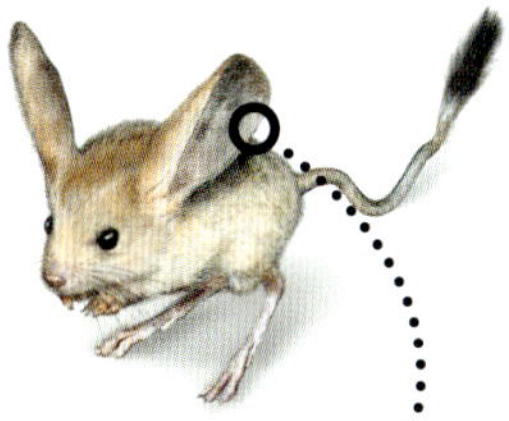

El roedor más grande
El carpincho pasa gran parte de su tiempo en el agua de su hábitat sudamericano. Crece hasta los 134 cm de longitud y 66 kg de peso.

Las orejas más grandes
Con un cuerpo de tan solo 9,5 cm de longitud y unas orejas de 4-5 cm, el nombre del jerbo de orejas largas le queda que ni pintado. Es el mamífero con las orejas más grandes en comparación con su cuerpo.

Los roedores son mamíferos con dos dientes que crecen de manera continua y comen plantas y semillas. Algunos también tienen una larga cola para equilibrarse al saltar.

LOS DIENTES MÁS GRANDES

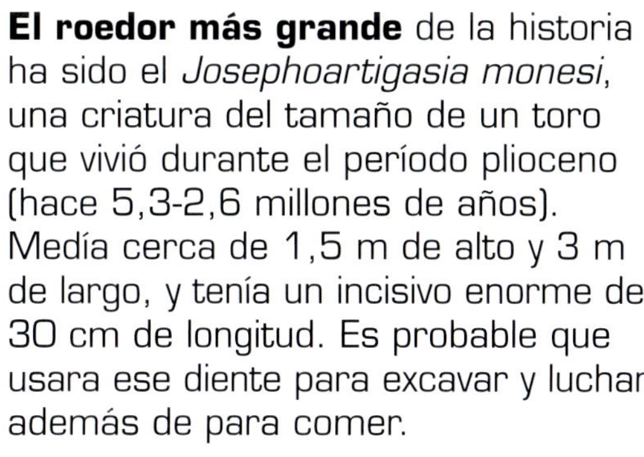

El roedor más grande de la historia ha sido el *Josephoartigasia monesi*, una criatura del tamaño de un toro que vivió durante el período plioceno (hace 5,3-2,6 millones de años). Medía cerca de 1,5 m de alto y 3 m de largo, y tenía un incisivo enorme de 30 cm de longitud. Es probable que usara ese diente para excavar y luchar, además de para comer.

El más parecido a nosotros
Tanto el chimpancé como el bonobo (simio parecido al chimpancé) comparten el 98,7 % del ADN con los humanos.

El simio más pequeño
Aunque los gibones son los simios más pequeños con su metro de altura, tienen los brazos más largos en relación con su cuerpo de todo el reino animal.

El simio más grande
El poderoso gorila oriental es el simio más grande. Los machos crecen hasta 1,90 m y 209 kg de peso.

El más inteligente
Los estudios han mostrado que el orangután puede ser el simio más inteligente. Usa diversas herramientas y dedica varios años a educar a sus crías.

El gibón puede **alcanzar** los 56 km/h **columpiándose por los árboles.**

Los simios y los monos son primates, pero los simios son más grandes y, al contrario que la mayoría de los monos, no tienen cola. Los simios son más inteligentes y es más probable que usen herramientas para conseguir comida. Los monos viven en todo tipo de entornos, incluso en la nieve.

El mono más chillón
El mono carayá tiene una voz grave y profunda que puede oírse hasta a 5 km de distancia.

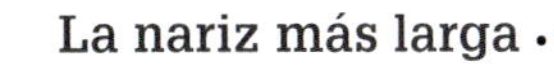

El mono más pequeño
El tití pigmeo solo pesa 85-140 g, lo que le convierte en el mono más pequeño.

La nariz más larga
El mono narigudo tiene la nariz (o probóscide) más prominente. La tiene tan larga que tiene que apartársela para comer.

El mono más grande
El mandril es el mono más grande, puede llegar hasta 80 cm de altura y 33 kg de peso. Aun así, su tamaño ni se acerca al del simio más grande. Sin embargo, es el mono más reconocible, con su nariz roja y las marcas azules en la cara.

El mono más septentrional
El macaco japonés vive más al norte que cualquier otro primate no humano; habita paisajes nevados cuyas temperaturas mínimas pueden ser de -15 °C.

Primates **de premio**

Nuestros parientes, **los simios y los monos,** son **inteligentes**, pero ¿cuáles son los más grandes o los que **se nos parecen más**?

Vaya bebés

Desde los **recién nacidos más altos** hasta los largos **embarazos** y las **grandes camadas**, descubre las crías **de los mamíferos**.

Todas estas crías son mamíferos placentarias, lo que significa que se desarrollan por completo dentro de la madre. Las crías de mamíferos marsupiales, como los canguros, continúan desarrollándose en la bolsa de la madre tras nacer.

Una **jirafa recién nacida** se pone de pie a la **hora** de haber **nacido**.

La cría más alta
La jirafa recién nacida mide 1,80 m, lo mismo que suele medir un hombre adulto.

Más crías
Una coneja silvestre puede parir 360 crías en su vida, con un máximo de 14 crías por camada.

La mayor camada
Los tenrécidos, unos pequeños animales de Madagascar que parecen erizos, tienen hasta 32 crías por camada. La camada habitual suele ser de 18 crías.

GRANDES BALLENAS

El recién nacido más pesado de todos es la ballena azul, con 7 m de largo y 2700 kg de peso, 60 veces menos pesada que su madre; de hecho, pesa lo mismo que su lengua.

La cría más pequeña al nacer respecto de la madre, el osezno panda, pesa 900 veces menos que su madre. El bebé humano es 20 veces más pequeño que su madre.

La infancia más larga
Una orangutana cuidará a su cría durante ocho años, la infancia más larga del reino animal.

El embarazo más largo
La cría de elefante tarda 640-660 días (22 meses) en desarrollarse dentro de la madre, más del doble que los 280 días (9 meses) que tarda un bebé humano.

¿Cuánto **viven**?

La vida puede ser efímera o casi eterna en el **reino animal**. Algunas criaturas lo hacen todo en un **día**, pero otras sobreviven durante **siglos**.

Cachipolla (1 día)
Algunas cachipollas viven pocas horas o días; una de sus especies vive menos de 5 minutos, lo suficiente para aparearse y poner huevos.

Elefante asiático (86 años)
Aparte de los humanos, el mamífero terrestre más longevo es el elefante. Un elefante asiático de nombre *Lin Wang* vivió hasta los 86 años en el zoo de Taipéi, Taiwán.

Humanos (hasta 122 años)
Somos los mamíferos terrestres más longevos de la Tierra: la persona más vieja de la historia vivió 122 años.

Ballena de cabeza arqueada (más de 200 años)
Las ballenas de cabeza arqueada son los mamíferos más longevos: pueden vivir hasta 211 años.

100

200

Tortuga gigante de Aldabra (255 años)
El reptil más viejo jamás registrado vivía en Kolkata, India. *Adwaita*, una tortuga gigante de Aldabra, vivió 255 años. Murió en 1965.

Carpa koi (226 años)
Esta popular mascota puede tener una vida muy larga. Una carpa koi llamada *Hanako* murió en 1977 tras haber vivido la friolera de 226 años.

250

300

Faranfat (28 años)
Este estrafalario roedor subterráneo del África oriental es el roedor más longevo: puede vivir hasta 28 años.

Pitón real (47,5 años)
La serpiente más longeva es la pitón real, que no es venenosa, de África. Es una mascota muy popular y puede vivir más de 47 años en cautividad.

Los animales tienen una esperanza de vida muy dispar, aunque todos tienen que superar los mismos retos para sobrevivir: buscar alimento, evitar a los predadores y hallar una pareja para crear la siguiente generación.

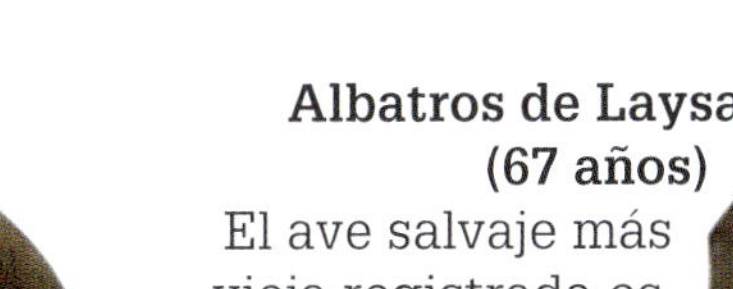

30

Albatros de Laysan (67 años)
El ave salvaje más vieja registrada es un albatros de Laysan de 67 años conocido como *Wisdom*.

50

Termita reina (50 años)
La termita reina puede vivir hasta 50 años, la vida más larga entre todos los insectos.

60

Tiburón de Groenlandia (392 años)
Los investigadores han descubierto un tiburón de Groenlandia cuya edad es de unos 392 años, lo que convierte a esta hembra en la vertebrada más longeva.

Almeja de Islandia (507 años)
Aquí tienes a *Hafrún*, la almeja de Islandia de 507 años. Esta criatura del océano tiene el récord del molusco más longevo.

Algunas esponjas del océano, **como la** ***Monorhaphis chuni*****, se calcula que viven** 11 000 años.

500

11 000

Animales...

LARGO SUEÑO

EL **PEQUEÑO MURCIÉLAGO CAFÉ** DUERME CASI **20 HORAS AL DÍA.** OTROS ANIMALES, COMO LA **MARSOPA DE DALL** PARECE QUE **NUNCA DUERMEN.**

EL **LIRÓN GRIS** REALIZA LA **HIBERNACIÓN MÁS LARGA** DEL REINO ANIMAL: MÁS DE 11 MESES CADA AÑO.

MINIMALES

EL MAMÍFERO MÁS PEQUEÑO: MURCIÉLAGO MOSCARDÓN, 30 MM DE LARGO

EL REPTIL MÁS PEQUEÑO: CAMALEÓN *BROOKESIA MICRA*, 29 MM DE LA NARIZ A LA COLA

EL ANFIBIO MÁS PEQUEÑO: RANA *PAEDOPHRYNE AMAUENSIS*, 7,7 MM DE LARGO

EL INVERTEBRADO MÁS PEQUEÑO: UNAS MICROSCÓPICAS CRIATURAS ACUÁTICAS, LOS ROTÍFEROS. EL MÁS DIMINUTO MIDE 0,05 MM DE LARGO.

VAYA PALIZA

Las **gambas mantis pavo real** tienen los **puños más rápidos y potentes** del reino animal: pegan con una fuerza equivalente a **2500 veces su propio peso corporal** en menos de 800 microsegundos (0,0008 segundos). Usan **las palas especiales** de las patas delanteras para **romper el caparazón de los cangrejos** y comer. Tienen **un puñetazo tan potente** que han llegado a **romper el cristal de un acuario**.

BUM

CRIATURAS **LETALES**

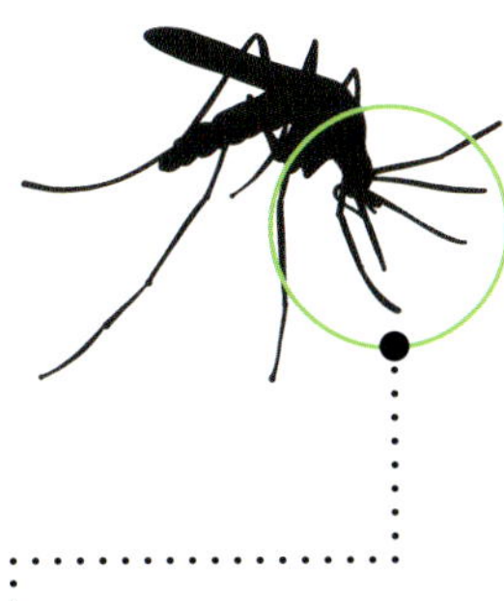

LAS UÑAS MÁS LARGAS SON LAS DE LOS CASUARIOS: EL AFILADO DEDO DEL MEDIO PUEDE MEDIR HASTA 12,5 CM DE LARGO.

LOS MOSQUITOS ANOFELES SON LOS ANIMALES MÁS LETALES: LAS HEMBRAS DE MOSQUITO CONTAGIAN LA MALARIA CON SUS PICADAS Y MATAN A CIENTOS DE MILES DE PERSONAS AL AÑO.

LOS CACHALOTES TIENEN LOS DIENTES MÁS GRANDES ENTRE LOS PREDADORES: HASTA 20 CM DE LARGO.

LAS ANGUILAS ELÉCTRICAS EFECTÚAN LA DESCARGA ELÉCTRICA MÁS POTENTE: CADA DESCARGA PUEDE PROPINAR 600 VOLTIOS DE POTENCIA, CASI TRES VECES LA TENSIÓN DE UN ENCHUFE DOMÉSTICO.

MEGATRAGONES

La **ballena azul** es la que come **más entre los animales**: unas **6 t de krill**, o **40 millones** de **minúsculos crustáceos marinos**, cada día. Eso es **más o menos el 4-5%** de su **peso corporal.**

4-5%

125%

Las musarañas enanas comen **el 125%** de su **peso corporal al día**: hasta **5 g de alimento diario**.

ANIMAL **MÁS LARGO**

Un **gusano cordón de bota** de más de **55 m de largo** llegó del **mar del Norte** hasta la costa de **Escocia, Reino Unido, en 1864.** Si se estirase, podría envolver el **borde de estas páginas** más de **80 veces**.

DATOS CURIOSOS

El cerebro de los dinosaurios era mucho más pequeño que el de los mamíferos modernos. *Troodon* era el más listo, con un tamaño del cerebro y del cuerpo parecido al de un avestruz, pero el cerebro del *Stegosaurus* tenía el tamaño de una lima, pequeño para un dinosaurio de 9 m de largo.

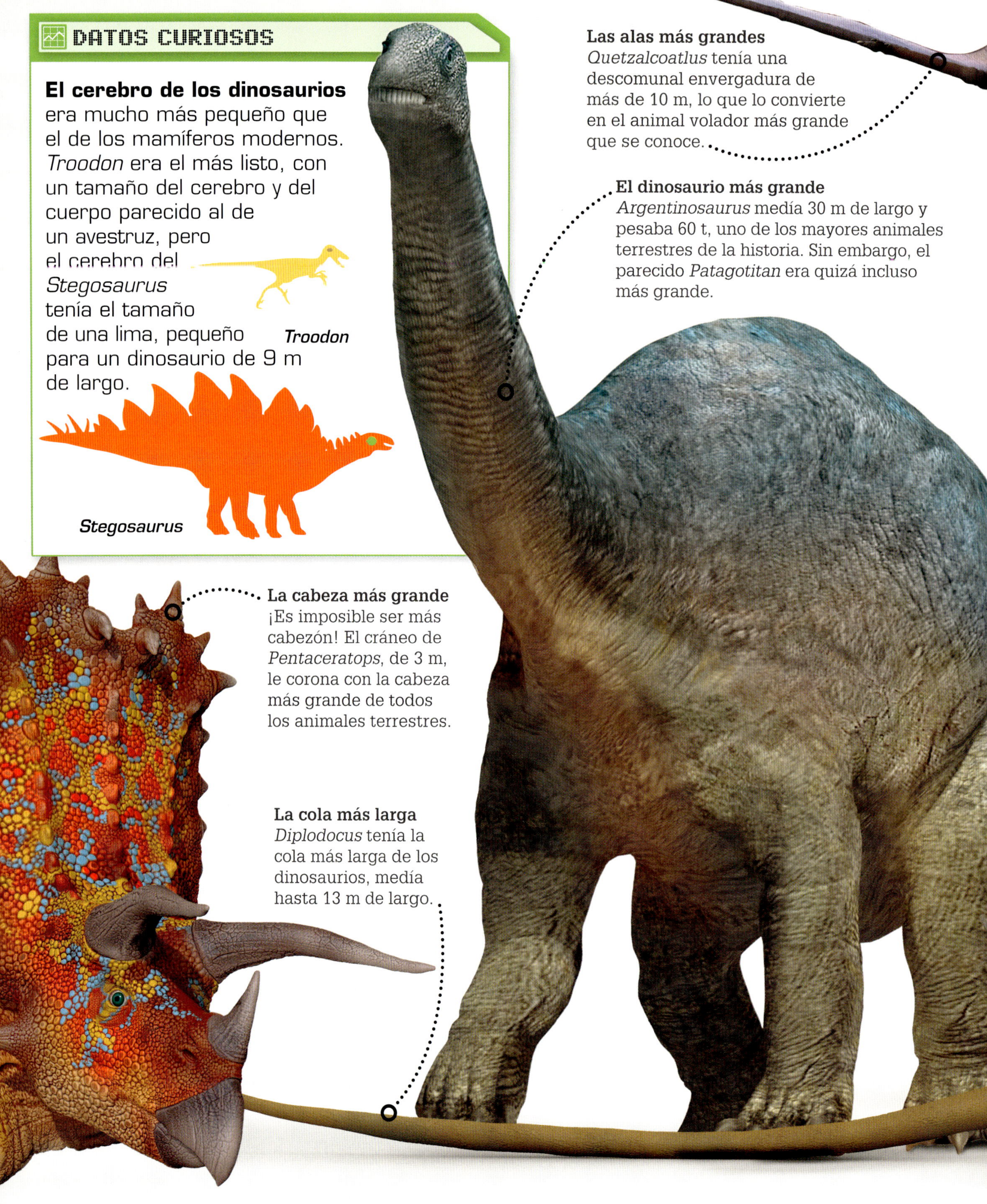

Las alas más grandes
Quetzalcoatlus tenía una descomunal envergadura de más de 10 m, lo que lo convierte en el animal volador más grande que se conoce.

El dinosaurio más grande
Argentinosaurus medía 30 m de largo y pesaba 60 t, uno de los mayores animales terrestres de la historia. Sin embargo, el parecido *Patagotitan* era quizá incluso más grande.

La cabeza más grande
¡Es imposible ser más cabezón! El cráneo de *Pentaceratops*, de 3 m, le corona con la cabeza más grande de todos los animales terrestres.

La cola más larga
Diplodocus tenía la cola más larga de los dinosaurios, medía hasta 13 m de largo.

Increíbles **dinosaurios**

Aunque estos reptiles extinguidos vivieron hace más de **66 millones de años**, siguen siendo las **criaturas más grandes** que jamás han pisado la Tierra.

El cuello más largo
El vegetariano *Mamenchisaurus* de China tenía un cuello que se estiraba hasta 10 m, la mitad de la longitud total del dinosaurio.

¡El poderoso ***Mamenchisaurus*** tenía un **cuello** casi tan largo como un **autobús**!

Las uñas más largas
Therizinosaurus tenía las garras más largas, con tres uñas curvas de 76 cm en cada extremidad.

Los dinosaurios dominaron el mundo durante 160 millones de años. Gracias a los descubrimientos de sus restos fosilizados, los expertos han identificado más de 1000 especies, entre las que se cuentan los dinosaurios más grandes, largos y pesados. Para ellos son las medidas más apabullantes del reino animal.

Los **dinosaurios** traen cola...

Desde el **primero hasta el más rápido** y desde el **último hasta el más longevo**, los dinosaurios superaron todos los récords. Sin embargo, aún queda historia por completar: se siguen encontrando **fósiles** con nueva información y récords.

El primer dinosaurio
Los fósiles de este pequeño dinosaurio, del tamaño de un perro (el *Nyasasaurus parringtoni*), se hallaron en Tanzania. Su antigüedad se ha fechado en 243 millones de años, más de 10 millones de años antes que cualquier otro fósil de dinosaurio.

La historia de los dinosaurios todavía presenta algunos rompecabezas. Aquí tienes algunos de los primeros dinosaurios que se han descubierto y también algunos de los que sobrevivieron más tiempo.

Diplodocus **tenía un largo sistema digestivo** para digerir su **dieta fibrosa de hojas.**

El dinosaurio más longevo
Diplodocus, igual que otros saurópodos (dinosaurios herbívoros de cuello largo), tenía una vida larga, igual que su cuello. Los saurópodos eran los dinosaurios más longevos: hasta 80 años.

El primer dinosaurio con nombre
Megalosaurus fue el primer dinosaurio que recibió nombre. En 1924, el geólogo británico y reverendo William Buckland encontró unos restos fósiles y los bautizó con ese nombre, cuyo significado es «enorme lagarto».

DATOS CURIOSOS

Una colección récord de huevos de dinosaurio se conserva en el Museo Heyuan en la provincia de Guangdong, China. La exposición cuenta con más de 10 000 huevos del período cretáceo tardío, hace aproximadamente unos 89-65 millones de años.

El dinosaurio más reciente
Este dinosaurio fue un superviviente. Los fósiles del herbívoro *hadrosaurus* se han fechado en 64,5 millones de años. Si el dato es correcto, significa que sobrevivió al descomunal asteroide que arrasó con los grandes dinosaurios y que continuaba aquí 700 000 años más tarde.

El dinosaurio más rápido
Los *ornitomímidos* eran los dinosaurios más veloces. Su aspecto era similar al de un ave grande, con plumas, pico y patas largas. El *Struthiomimus* alcanzaba una velocidad máxima de 72 km/h.

Maravilla **prehistórica**

Estas extraordinarias criaturas son **antepasados** de los **animales modernos**. Algunos vivieron con los **dinosaurios**, pero había otros que ya estaban antes.

El mayor tiburón de la historia
El megalodón medía 18 m y pesaba 50 000 kg. Se extinguió hace 2,6 millones de años.

El primer pez
Este animal vivió hace unos 508 millones de años. Se conoce como *Metaspriggina walcotti* y se considera el antepasado de la mayoría de vertebrados actuales.

La primera ave
El plumado *Aurornis xui* vivió hace unos 160 millones de años. Los fósiles indican que tenía plumas y que era del tamaño de un faisán.

El mayor tiburón actual
El mayor tiburón vivo en la actualidad es el tiburón ballena. El ejemplar medio suele medir 10 m de largo.

El mamífero terrestre más grande
Paraceratherium era el mamífero terrestre más grande y el antepasado del rinoceronte actual (aunque sin cuerno). Pesaba 20 000 kg y alcanzaba una altura de unos 5,5 m.

DATOS CURIOSOS

Los antepasados del elefante son los mamuts, incluido el mamut lanudo que vivía en Rusia, sobre todo en Siberia, y Norteamérica hasta hace 4300 años. Los mastodontes son parientes lejanos de los elefantes que deambularon por Norteamérica hasta hace 10 000 años.

Aquí tienes algunos antepasados de los animales modernos. Se parecen un poco a los animales que conocemos, pero eran mucho más grandes.

Primer mamífero
Esta criatura parecida a una musaraña se descubrió en la provincia china de Liaoning. Es el primer ejemplo de mamífero placentario, un animal que pare crías vivas más desarrolladas.

El rinoceronte más grande
El rinoceronte de morro ancho es la más grande de las cinco especies de rinoceronte y el segundo mamífero terrestre más grande, justo por detrás de los elefantes africanos y asiáticos.

Un tiranosaurio llamado ***Sue***

En 1990, en Dakota del Sur, EE. UU., **la paleontóloga Sue Hendrickson** descubrió los fósiles de un enorme ***Tyrannosaurus rex.*** Se le dio su nombre a modo de homenaje y resultó ser un ejemplar de récord.

El cráneo
El descomunal cráneo de *Sue* pesa unos 270 kg e incluye 58 dientes afilados como cuchillos.

Se han encontrado más del 90 % de los huesos de este esqueleto de *T. Rex.*

DATOS CURIOSOS

Los titanosaurios incluyen los mayores dinosaurios descubiertos, además de *Tyrannosaurus*. *Patagotitan* es un titanosaurio descubierto en Argentina en 2012. Su fémur es el fósil más grande de la historia: mide 2,4 m. Estos fósiles se pueden ver en el Museo de Historia Natural de Nueva York, EE. UU.

El más grande y más completo
Sue mide 12,3 m del hocico a la cola y está formado por 250 huesos y dientes. Es el *T. Rex* más completo que se ha descubierto en la historia.

El más valioso
Este esqueleto de *T. Rex* también es el más valioso del mundo: en una subasta de 1997 se vendió al Museo Field de Chicago, EE. UU., por más de 7 millones de euros.

***Sue*, la *Tyrannosaurus rex*,** hace guardia en el Museo Field de Chicago, EE. UU., donde atrae a muchos visitantes. Se tardó más de 30 000 horas en preparar el esqueleto fosilizado para exponerlo así.

Árboles notables

Los primeros árboles crecieron en la Tierra hace unos **385 millones de años**. Hoy existen **tres billones** de árboles que **mantienen vivo** el planeta, aportan **oxígeno y dan cobijo** a los animales, humanos incluidos.

¡El *Hyperion* **es tan gigante** que las diminutas figuras humanas de sus ramas parecen insectos sobre una planta de jardín!

El árbol que crece más rápido
La paulonia imperial de la China es el árbol que crece más rápido del mundo. En un año crece 6 m de altura, unos 30 cm cada pocas semanas. La paulonia también tiene otro récord: produce como mínimo el triple de oxígeno que cualquier otro tipo de árbol.

El árbol más ancho
El árbol más ancho del mundo es el *árbol del Tule*, un sabino de México, que mide más de 9 m de ancho. Es tan ancho que al principio se creía que era un grupo de árboles. Hacen falta 17 personas dándose las manos para rodear su tronco entero.

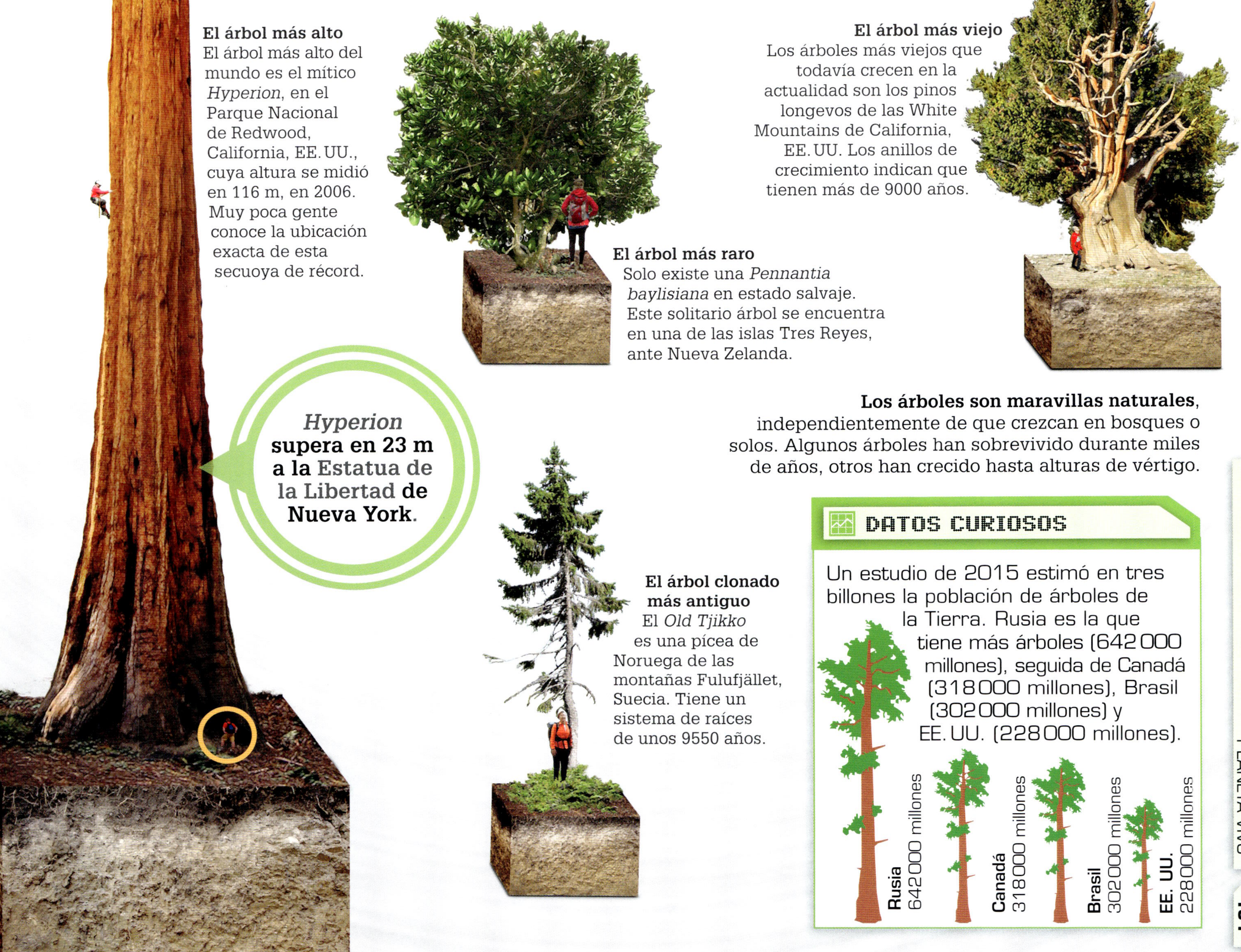

El árbol más alto
El árbol más alto del mundo es el mítico *Hyperion*, en el Parque Nacional de Redwood, California, EE. UU., cuya altura se midió en 116 m, en 2006. Muy poca gente conoce la ubicación exacta de esta secuoya de récord.

***Hyperion* supera en 23 m a la Estatua de la Libertad de Nueva York.**

El árbol más raro
Solo existe una *Pennantia baylisiana* en estado salvaje. Este solitario árbol se encuentra en una de las islas Tres Reyes, ante Nueva Zelanda.

El árbol más viejo
Los árboles más viejos que todavía crecen en la actualidad son los pinos longevos de las White Mountains de California, EE. UU. Los anillos de crecimiento indican que tienen más de 9000 años.

Los árboles son maravillas naturales, independientemente de que crezcan en bosques o solos. Algunos árboles han sobrevivido durante miles de años, otros han crecido hasta alturas de vértigo.

El árbol clonado más antiguo
El *Old Tjikko* es una pícea de Noruega de las montañas Fulufjället, Suecia. Tiene un sistema de raíces de unos 9550 años.

DATOS CURIOSOS

Un estudio de 2015 estimó en tres billones la población de árboles de la Tierra. Rusia es la que tiene más árboles (642 000 millones), seguida de Canadá (318 000 millones), Brasil (302 000 millones) y EE. UU. (228 000 millones).

Flower power

Hace más de **150 millones de años** que hay flores en la Tierra. Explora estas floraciones y descubre las flores más impresionantes de la naturaleza, desde las **flores más grandes** hasta las **más apestosas**.

La flor más grande
La flor más gigantesca del mundo crece en Indonesia: la *Rafflesia arnoldii* puede llegar al metro de ancho y los 10 kg de peso.

¡Las flores más grandes y las más altas también son las más apestosas! *Rafflesia arnoldii* y la aro gigante se conocen como «flores cadáver» porque huelen a carne podrida.

Flores efímeras
La Flor de una noche, de Sudamérica, es cara de ver. Sus perfumadas flores blancas se abren por la noche y ya han muerto a la mañana siguiente. Una orquídea de nombre *Dendrobium appendiculatum* solo se abre cinco minutos.

La floración más alta y olorosa
La espiga de la aro gigante se eleva hasta 3 m y está cubierta de diminutas flores. Crece en las húmedas selvas tropicales de Indonesia.

El crecimiento más lento
La bromelia boliviana *Puya raimondii* es la última en madurar. ¡Sus primeras flores aparecen después de que crezca entre 80 y 150 años!

DATOS CURIOSOS

La flor más diminuta florece en la microscópica *Wolffia globosa*, una planta que flota en arroyos y charcas. La planta entera mide tan solo 0,6 mm de largo y 0,3 mm de ancho, más o menos igual que un grano de sal.

Las flores más antiguas
Algunas de las plantas con flores más antiguas halladas en forma de fósil vivían en el agua, como esta *Archaefructus*. La más antigua, la *Montsechia* se remonta a 130 millones de años.

La planta con flores más cara
Un laboratorio tardó ocho años en producir la orquídea Shenzhen Nongke; se acabó vendiendo en una subasta en 2005 por la cifra récord de 173 000 euros.

Hojas notables

De una planta no solo las **flores** captan la atención. Las hojas también pueden crecer hasta **longitudes extraordinarias** y sobrevivir en el **agua**, el **desierto** o las copas de los árboles.

La hoja flotante más grande
Las hojas del nenúfar *Victoria amazonica* pueden llegar a 3 m de diámetro. Son tan resistentes que sostienen el peso de una criatura pequeña.

DATOS CURIOSOS

Los cocoteros es probable que sean los árboles más útiles del mundo: sus hojas se tejen para hacer cestas, su madera se usa para hacer casas y se talla para hacer utensilios, su fibra se convierte en cuerdas y alfombras, los cocos se comen y su aceite se usa en alimentación y cosmética.

La liana más larga
Esta enredadera es una camilla de elefante, un tipo de liana (una enredadera que crece en el suelo y sube por los árboles). Se tiene noticia de un ejemplar en India de 1,5 km de longitud.

El cactus más alto
El cactus más alto de la historia fue una especie de cardón que crecía en el desierto de Sonora, México, y que llegó a 19,2 m, una altura superior a una torre de 10 hombres de pie, uno encima del otro.

La planta que crece más rápido
El bambú es una de las plantas que crece más rápido. Se ha registrado una especie que crece 91 cm al día, va tan rápido que es posible ver cómo crece. En un año crece 332,38 m.

La hoja más larga
La planta con la hoja más larga es la *Raphia regalis*, un tipo de rafia cuyas hojas pueden crecer hasta 25 m, más largas que los 21 m de altura del árbol.

La planta más venenosa
Las semillas del ricino contienen ricina, una toxina letal 12 000 veces más tóxica que el veneno de la serpiente de cascabel.

Las plantas proliferan en todo tipo de entornos. Sus hojas son fábricas de alimento: absorben luz y producen azúcar para que la planta tenga energía para crecer. Cuanto mayor sea la hoja, más alimento puede fabricar.

DATOS CURIOSOS

Los tomates son el fruto más popular del mundo. En 2016 se produjeron 170000000 de toneladas, lo que significa 183 tomates por cada habitante del planeta. Los plátanos son el segundo fruto más popular, se produjeron 113000000 en 2016.

Fruta **fantástica**

La **fruta y la verdura** no tienen este tamaño. Los campesinos cultivan **estos enormes frutos** para que sean los más grandes; aun así, la semilla más grande del mundo es una **maravilla natural**.

Border collie
Esta raza de perro suele pesar 17 kg, más o menos lo mismo que una semilla de coco de mar.

La semilla más grande
La palmera del coco de mar, que crece solo en las islas Seychelles del océano Índico, produce una semilla de hasta 30 cm de un peso similar al de un perro collie. Las semillas más grandes pueden llegar a los 25 kg, o un collie y medio.

La semilla de coco de mar crece dentro del mayor fruto salvaje: hasta 50 cm de ancho.

Flora y hongos

ÁRBOL TÓXICO

LAS **MANZANILLAS DE LA MUERTE** DEL CARIBE TIENEN **CARTELES DE ADVERTENCIA** PARA QUE NADIE SE ACERQUE.

SI EL ÁRBOL SE QUEMA, SU HUMO PUEDE DEJAR CIEGA A UNA PERSONA.

LAS FRUTAS, QUE PARECEN MANZANAS, CAUSAN LA MUERTE POR VÓMITOS Y DIARREA.

LA SAVIA QUEMA LA PIEL. INCLUSO LA LLUVIA QUE CRUZA EL ÁRBOL CAUSA AMPOLLAS EN LA PIEL.

PLANTAS EN EL ESPACIO

Los cosmonautas soviéticos de la estación espacial *Salyut 7* cultivaron las **primeras flores en el espacio**. Era una ***Arabidopsis***, un tipo de **berro**, que floreció y produjo semillas en **gravedad cero**.

CONFUSIÓN DE COLOR

LAS **FLORES NEGRAS** NO EXISTEN. INCLUSO LAS **FLORES MÁS OSCURAS** SON DE COLOR **PÚRPURA** O **ROJO MUY MUY OSCUROS**. LOS PIGMENTOS QUE APORTAN COLOR A LOS PÉTALOS **NO PRODUCEN NEGRO**.

FLORES MÁS ALTAS

Cactus (doméstico):
32,25 m, cactus del ordenador, India

Cactus (silvestre):
19,2 m, cardón, desierto de Sonora, México

Girasol:
9,17 m, Alemania

CADA HONGO, DE NO MÁS DE **1 CM DE ALTO**, EXPLOTA Y TIRA SUS **ESPORAS** A UN MÁXIMO DE **250 CM DE DISTANCIA, 250 VECES SU TAMAÑO.**

EL HONGO **MÁS RÁPIDO**

POR SU DIMINUTO TAMAÑO, EL ***PILOBOLUS CRYSTALLINUS*** LANZA SUS ESPORAS **MÁS LEJOS QUE CUALQUIER OTRO HONGO O PLANTA.**

EL HONGO **MÁS TÓXICO**

Apenas **30 g** de **oronja verde**, más o menos la mitad de una seta, **pueden ser letales**. Continúa siendo tóxica aunque se cocine o congele, y es la responsable del mayor número de intoxicaciones mortales con setas.

EL MAYOR SER VIVO

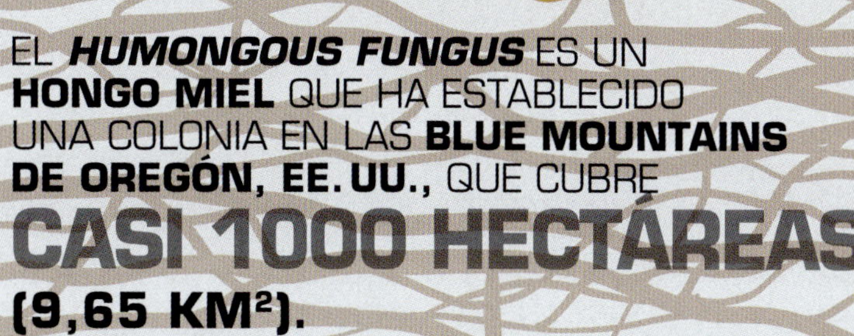

EL ***HUMONGOUS FUNGUS*** ES UN **HONGO MIEL** QUE HA ESTABLECIDO UNA COLONIA EN LAS **BLUE MOUNTAINS DE OREGÓN, EE.UU.,** QUE CUBRE

CASI 1000 HECTÁREAS (9,65 KM²).

LA MAYOR SETA ÚNICA

La fructificación más grande de un hongo (una seta) se descubrió en 2010 en China. La leñosa, marrón y rectangular *Fomitiporia ellipsoidea* medía 84 cm de ancho, 5 cm de grosor y 10,85 m de largo, casi tanto como un autobús. Pesaba más o menos media tonelada.

11 M DE LARGO

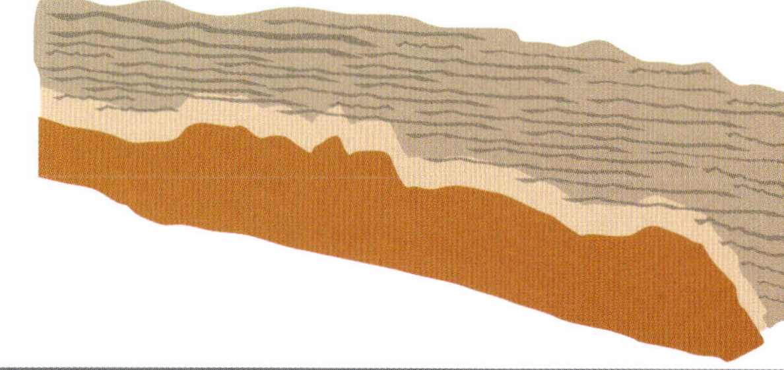

10,85 M DE LARGO

El mundo exterior

Más allá de nuestro planeta está el espacio infinito; la enorme naturaleza del universo significa que siempre quedan lugares por explorar. Los astronautas y astrónomos buscan nuevos planetas, lunas, estrellas, asteroides y galaxias en el reto definitivo para descubrir lo más grande, más fantástico y más brillante del cosmos.

Detalle de la huella de la bota de Buzz Aldrin en el suelo lunar el 21 de julio de 1969 durante la misión Apollo 11, la primera que aterrizó, o alunizó, en la Luna. Ese mismo día el compañero de viaje de Aldrin, Neil Armstrong, había entrado en la historia de la humanidad al caminar sobre la Luna y pronunciar sus míticas palabras: «Un pequeño paso para el hombre, un gran salto para la humanidad».

En el **espacio**

¿En la inmensidad del **espacio exterior** las cosas son **más grandes**, **brillantes** y **frías** que cualquier cosa de la Tierra?

Teniendo en cuenta el tamaño del universo, debería haber muchos récords espaciales. No obstante, tenemos un conocimiento limitado del espacio: tan solo hemos descubierto una minúscula fracción del universo. Puede que haya cosas mayores y mejores fuera. ¡Aún queda espacio!

La materia oscura del espacio no se ve, pero supone el 24 % de la masa del universo. La materia visible suma el 5 %. El resto es energía oscura.

La mayor nebulosa

Con 1520 años luz de ancho, NGC 604, en la galaxia Messier 33, es la mayor nebulosa (nube de polvo y gas). Un año luz es la distancia que viaja la luz en un año.

Lo más oscuro

La materia oscura es invisible incluso aunque se ilumine. Nunca se ha visto, pero se cree que existe porque explicaría cómo funcionan algunas partes del universo.

Lo más brillante

En 2013, se captó la explosión espacial más brillante de la historia: la muerte de una estrella a 3600 millones de años luz. Emitió rayos gamma 35 000 millones de veces más intensos que la luz visible.

El planeta más grande

Con 964 800 km de ancho, HD 100546 b es el planeta más grande que se conoce. Tiene un radio 6,9 veces más grande que Júpiter y tarda 249,2 años en completar una órbita alrededor de su estrella.

DATOS CURIOSOS

Los telescopios en órbita nos han mostrado gran parte de lo que sabemos del espacio. Detectan diferentes tipos de radiación emitida por los cuerpos celestes. El telescopio más antiguo que aún está en uso es el telescopio espacial *Hubble*, capaz de detectar luz ultravioleta, visible e infrarroja.

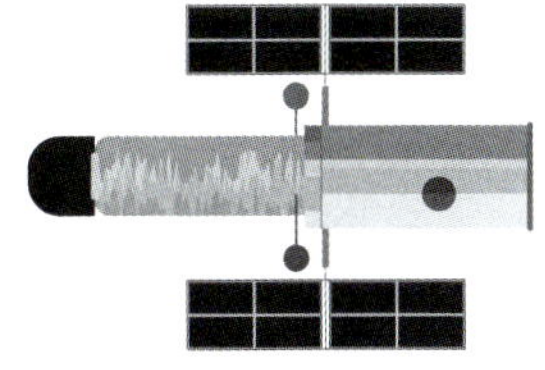

El *Hubble* mide 13,2 m de largo, más o menos como un autobús escolar.

Lanzamiento: abril de 1990
Ubicación: órbita terrestre baja (a 547 km sobre la Tierra); orbita una vez cada 95 minutos a 27 300 km/h
Descubrimientos:
- Edad del universo, 13-14 000 millones de años
- Cómo se forman las galaxias
- Comprensión de la energía oscura

Lo más caliente

Lo más caliente del universo es la Tierra: un experimento en el Gran colisionador de hadrones, en Suiza, creó una temperatura más o menos 9500 millones de veces más caliente que la superficie del Sol.

Galaxia más grande

La galaxia IC 1101 tiene 6 millones de años luz de ancho (50 veces más ancha que la Vía Láctea) y quizá contiene 100 billones de estrellas. Está en el cúmulo de galaxias Abell 2029 a 1000 millones de años luz de la Tierra.

Lo más frío

La nebulosa del bumerán, a una distancia de 5000 años luz de la Tierra, está a unos gélidos −272,15 °C. La nebulosa se expande a tal velocidad que enfría el gas de su interior.

Galaxia más antigua

En 2016, el telescopio espacial Hubble descubrió la galaxia más antigua: la GN-z11, de 13 400 millones de años, lo que significa que nació unos 400 millones de años tras el Big Bang.

El planeta más pequeño
Con 4879 km de ancho Mercurio mide solo un tercio del tamaño de la Tierra.

Menos masa
La masa de Mercurio es 18 veces inferior a la de la Tierra y 5751 veces inferior a la de Júpiter, el planeta más pesado.

El planeta más cálido
Aunque Mercurio esté más cerca del Sol, Venus tiene la media de temperatura en superficie más caliente: 464 °C. Su gruesa atmósfera atrapa el calor.

Más volcanes
El radar ha revelado más de 1600 volcanes en Venus. Nadie sabe si están activos o cuántos más hay exactamente... quizá un millón.

La atmósfera más densa
Compuesta en un 96 % por dióxido de carbono, la espesa atmósfera de Venus crea una presión aplastante: 92 veces mayor que en la Tierra.

El planeta más denso
En comparación con su tamaño, la cantidad de material que compone la Tierra hace que sea el planeta más denso.

DATOS CURIOSOS

Algunos iconos de la Tierra parecen insignificantes al lado de los de Marte.

Lo que hace que un planeta sea extraordinario puede depender de su posición en el sistema solar. Por ejemplo, Venus es más caliente que Mercurio porque Mercurio está *demasiado* cerca del Sol y este ha quemado su atmósfera. La Tierra es el único planeta a la distancia ideal del Sol para albergar vida: ni demasiado caliente, ni demasiado frío.

Planetas rocosos

Mercurio, **Venus**, **la Tierra** y **Marte**, conocidos como los planetas rocosos, tienen una composición similar, pero su **tamaño** y **posición** en el espacio dan a cada uno una oportunidad única de ser famoso.

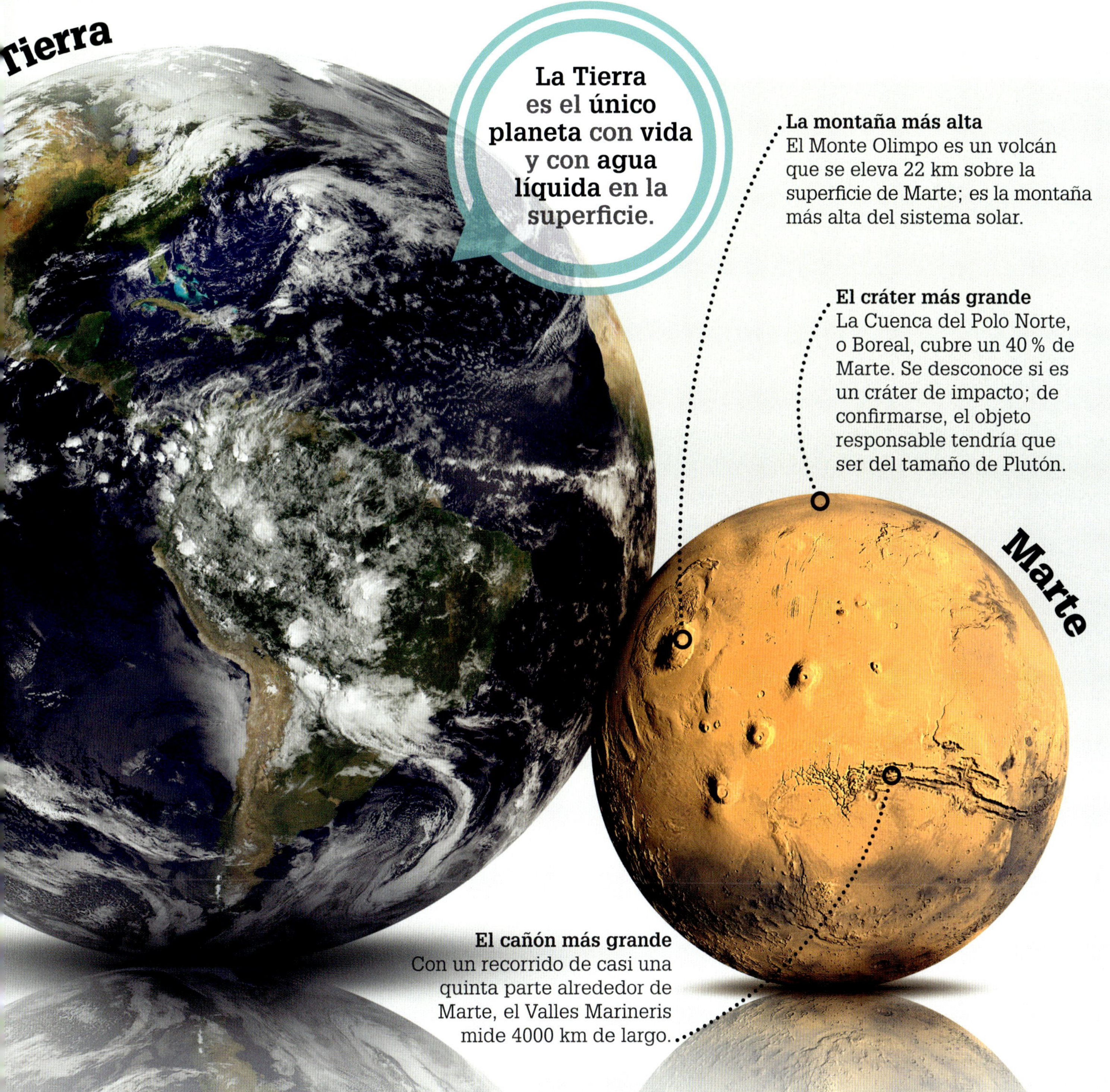

La Tierra es el único planeta con vida y con agua líquida en la superficie.

La montaña más alta
El Monte Olimpo es un volcán que se eleva 22 km sobre la superficie de Marte; es la montaña más alta del sistema solar.

El cráter más grande
La Cuenca del Polo Norte, o Boreal, cubre un 40 % de Marte. Se desconoce si es un cráter de impacto; de confirmarse, el objeto responsable tendría que ser del tamaño de Plutón.

El cañón más grande
Con un recorrido de casi una quinta parte alrededor de Marte, el Valles Marineris mide 4000 km de largo.

LAS FOTOS DEL *CURIOSITY*

El *Curiosity* es un róver, grande como un coche, diseñado para explorar Marte como parte de la misión de laboratorio científico de Marte de la NASA. Se lanzó el 26 de noviembre de 2011, aterrizó en Marte el 5 de agosto de 2012 y ha continuado realizando experimentos científicos desde entonces. Se hizo muy famoso al hacerse el primer selfi en otro planeta de la historia.

El gigante **Júpiter**

Júpiter es el **campeón de los pesos pesados** de los planetas, con **más récords** que cualquier otro del sistema solar.

La gravedad **más potente**

Cuanta más masa tenga un objeto, mayor será su atracción gravitacional sobre otros objetos. La gravedad de Júpiter es unas 2,5 veces más potente que la de la Tierra. Si saltas 1 m en la superficie de la Tierra, solo saltarás 39,5 cm en Júpiter.

El planeta **más grande**

Júpiter mide 142 984 km en el ecuador, tiene 11 veces el diámetro de la Tierra. Su volumen es de 1 431 281 810 739 360 km^3, o 1321 veces el volumen de la Tierra.

Júpiter es el más grande de los gigantes gaseosos, los cuatro planetas compuestos sobre todo por gas y líquido. El resto de los planetas del sistema solar cabrían dentro de Júpiter, ¡y aún habría espacio!

Rotación **más rápida**

Júpiter gira muy rápido, tarda tan solo 9,9 horas en realizar una rotación completa, a pesar de ser tan grande; por este motivo tiene el día más corto de todos los planetas.

La mayor **velocidad de escape**

Para escapar de la tracción de la gravedad de Júpiter, un cuerpo tendría que viajar a 59,5 km por segundo, la mayor «velocidad de escape» de todos los planetas. La velocidad de escape de la Tierra es de 11,2 km por segundo.

La tormenta **más larga**

Observada por primera vez en 1665, la Gran Mancha Roja es una titánica tormenta que azota el planeta sin parar. Los vientos castigan un área el doble de ancha que la Tierra con velocidades máximas de 644 km/h.

El más **masivo**

Al ser el más grande, no sorprende que Júpiter también sea el planeta con más masa, con un descomunal peso de 1 898 000 000 000 000 000 000 000 000 kg. Este mastodonte planetario tiene una masa 318 veces mayor que la Tierra.

Los puntos visibles de la superficie de Júpiter son grandes tormentas resultado de la rápida rotación del planeta y sus fuertes vientos.

Las bandas marrones y blancas son remolinos de nubes de gas producidas por la gran velocidad de rotación de Júpiter.

Planetas externos

Los tres planetas más alejados del Sol son **Saturno**, **Urano** y **Neptuno**. Estos mundos gélidos se conocen como los **gigantes gaseosos**.

M**ayor** tormenta

Unos potentes vientos y violentas tormentas azotan la superficie de Saturno. La sonda espacial *Cassini* fue la primera que detectó la tormenta Dragón, una enorme tormenta con forma de dragón.

Los anillos alrededor de Saturno están compuestos por millones de fragmentos de hielo.

Los anillos **más grandes**

Saturno es famoso por los gigantescos anillos que le rodean. Los otros gigantes gaseosos tienen anillos, pero son más complicados de ver porque contienen menos material.

Saturno, Urano y Neptuno se componen principalmente de gases de helio e hidrógeno con un pequeño núcleo rocoso. Saturno es el segundo planeta más grande del sistema solar. Neptuno es el gigante gaseoso más pequeño, pero aun así es casi cuatro veces más grande que la Tierra.

Los rayos **más potentes**

Los rayos más potentes se producen en Saturno, en un área denominada El callejón de las tormentas. La sonda *Cassini* captó con su cámara estos magníficos destellos.

El planeta menos denso

Saturno es el planeta menos denso del sistema solar. Es tan poco denso que si se dejara en el agua, ¡acabaría flotando!

DATOS CURIOSOS

Los planetas más fríos son Urano y Neptuno. El metano hace que se vean azules.

Más anillos Urano es el planeta con más anillos, pero son muy tenues para verlos.

El único planeta que gira de lado Los otros giran en vertical, pero Urano lo hace ladeado.

El planeta más frío El gélido Neptuno tiene una temperatura media de –214 °C.

Los vientos más potentes Neptuno tiene los vientos más rápidos: soplan a 2100 km/h.

En la luna

Una **luna** es un «**satélite natural**», un objeto que **orbita** un planeta o un asteroide. Existen **175 lunas conocidas** orbitando los **planetas** del sistema solar.

La luna más lisa
Europa es una luna helada con apenas cráteres. Con la excepción de contadas crestas de pocos metros de altura, su superficie es prácticamente plana.

Más actividad volcánica
Ío, la tercera luna más grande de Júpiter, está cubierta de volcanes activos que escupen azufre hacia el espacio. Muchos planetas y lunas presentan indicios de volcanes en el pasado, pero aparte de la Tierra, los únicos sitios con volcanes activos conocidos son lunas (Ío y Tritón, de Neptuno; y Encélado, de Saturno).

La luna más pequeña
Con solo 5 km de ancho, Metone es la luna más pequeña que se conoce del sistema solar. Orbita alrededor de Saturno.

Metone es **posiblemente** la **luna menos densa** en el **sistema solar**.

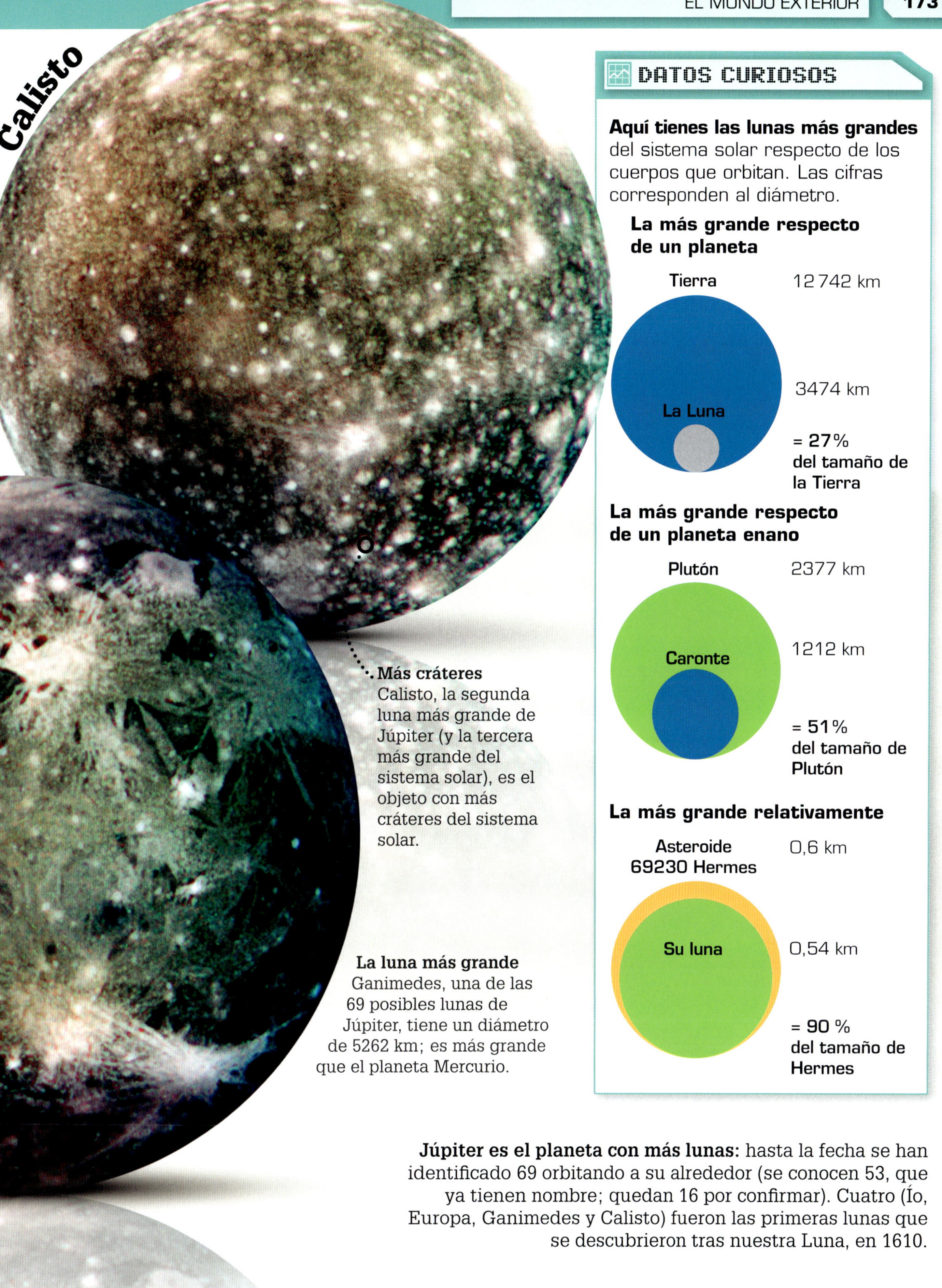

Más cráteres
Calisto, la segunda luna más grande de Júpiter (y la tercera más grande del sistema solar), es el objeto con más cráteres del sistema solar.

La luna más grande
Ganimedes, una de las 69 posibles lunas de Júpiter, tiene un diámetro de 5262 km; es más grande que el planeta Mercurio.

DATOS CURIOSOS

Aquí tienes las lunas más grandes del sistema solar respecto de los cuerpos que orbitan. Las cifras corresponden al diámetro.

La más grande respecto de un planeta

Tierra 12 742 km

La Luna 3474 km

= 27% del tamaño de la Tierra

La más grande respecto de un planeta enano

Plutón 2377 km

Caronte 1212 km

= 51% del tamaño de Plutón

La más grande relativamente

Asteroide 69230 Hermes 0,6 km

Su luna 0,54 km

= 90 % del tamaño de Hermes

Júpiter es el planeta con más lunas: hasta la fecha se han identificado 69 orbitando a su alrededor (se conocen 53, que ya tienen nombre; quedan 16 por confirmar). Cuatro (Ío, Europa, Ganimedes y Calisto) fueron las primeras lunas que se descubrieron tras nuestra Luna, en 1610.

VISITANTE INTERESTELAR

En 2017, los astrónomos descubrieron un asteroide que se acercaba al Sol describiendo una órbita extraña; se acabó confirmando que venía de fuera del sistema solar. Esta extraña roca alargada, llamada Oumuamua, mide 400 m de largo y es el primer asteroide interestelar de la historia que se identifica.

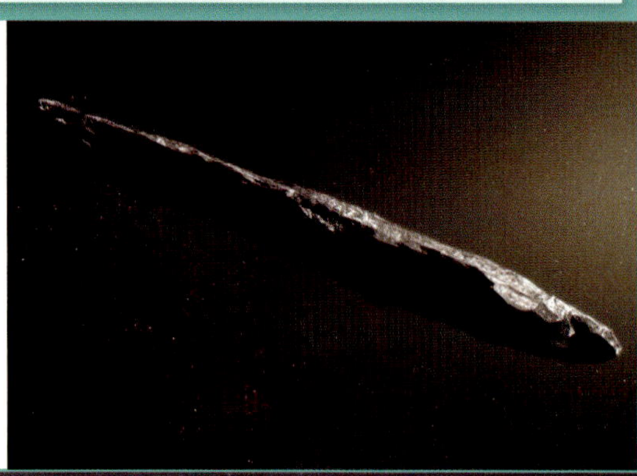

La cola de cometa más larga
El cometa Hyakutake tiene la cola más larga que se ha medido: 570 millones de km. ¡Podría llegar desde el Sol hasta más allá del cinturón de asteroides entre Marte y Júpiter!

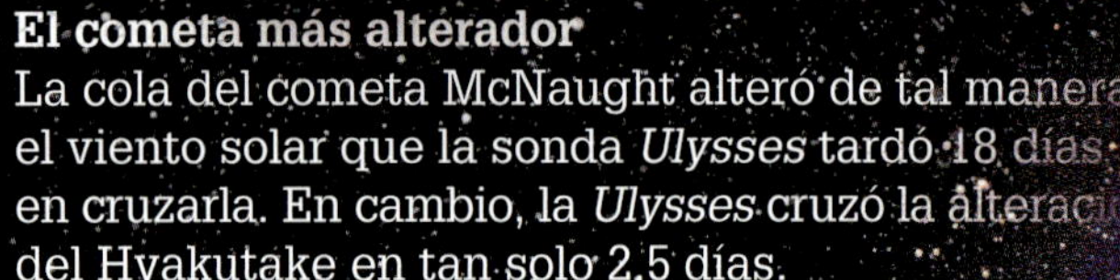

El cometa más alterador
La cola del cometa McNaught alteró de tal manera el viento solar que la sonda *Ulysses* tardó 18 días en cruzarla. En cambio, la *Ulysses* cruzó la alteración del Hyakutake en tan solo 2,5 días.

El cometa Hale-Bopp se vio a simple vista entre mayo de 1996 y noviembre de 1997.

El mayor núcleo de cometa
Se calcula que el núcleo del cometa Hale-Bopp mide como mínimo 40 km de ancho, unas 25 veces más que el típico cometa.

Los cometas son «bolas sucias» de hielo y gas. Las hay a billones en los límites del sistema solar, pero solo las vemos cuando se acercan al Sol. Entonces, a medida que el núcleo del cometa se calienta, produce una atmósfera del tamaño de un planeta denominada cabellera, que a menudo presenta largas colas de gas y polvo arrastradas por el viento solar, formado por las partículas que emite el Sol.

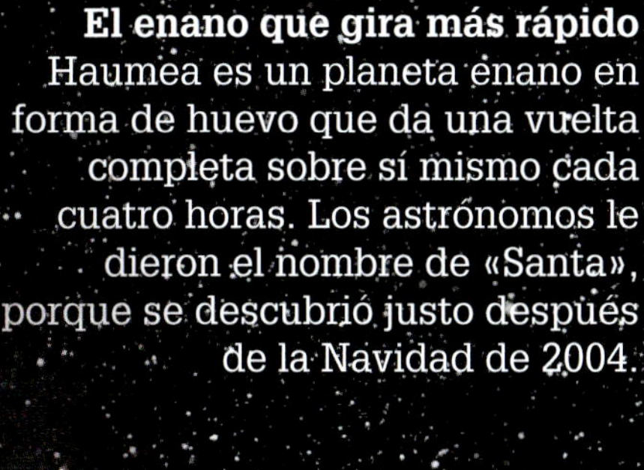

El enano que gira más rápido
Haumea es un planeta enano en forma de huevo que da una vuelta completa sobre sí mismo cada cuatro horas. Los astrónomos le dieron el nombre de «Santa», porque se descubrió justo después de la Navidad de 2004.

El mayor asteroide
El mayor cuerpo del cinturón de asteroides es Ceres. Este rocoso asteroide repleto de cráteres mide 945 km de ancho y también es un planeta enano.

Primer planeta enano
En 1930 se descubrió Plutón; con su diámetro de 2376 km solía considerarse el noveno planeta, y el más pequeño. No obstante, en 2006 se reclasificó como planeta enano.

Rocas y más...

Nuestro sistema solar tiene más cosas aparte de planetas y lunas. **Cometas, asteroides** y **planetas enanos** deambulan y se dejan ver por el espacio.

Carrera **espacial**

Entre los cincuenta y los setenta, se produjo una **carrera** entre la **URSS** (actual Rusia) y **EE. UU.** por ser el primer país en llegar **al espacio**. Ganaron los **soviéticos**.

Primer hombre en el espacio El 12 de abril de 1961, el piloto del ejército Yuri Gagarin, de 27 años, fue el primer hombre en el espacio y el primero que orbitó la Tierra, en el *Vostok 1*.

Primera mujer en el espacio La cosmonauta Valentina Tereshkova abandonó la Tierra a bordo del *Vostok 6* el 16 de junio de 1963. Pasó 70 horas en el espacio y orbitó la Tierra 48 veces.

Paseo espacial El cosmonauta Alexei Leonov hizo la primera AEV (actividad extravehicular) el 18 de marzo de 1965. Duró 12 minutos.

El más joven del espacio El cosmonauta Gherman Titov tenía 25 años cuando fue el segundo hombre en órbita, a bordo del *Vostok 2* en agosto de 1961.

Lo más lejos de la Tierra En 1970, la tripulación del *Apollo 13* de la Nasa (Jim Lovell, Fred Haise y Jack Swigert) marcó un récord: la mayor distancia de casa, a 400 171 km de la Tierra.

Primer turista El estadounidense Dennis Tito pagó 20 millones de dólares para pasar ocho días en la ISS, en 2001.

Más días en el espacio El cosmonauta Valeri Polyakov estuvo en la estación espacial *Mir* 438 días en 1994-1995.

La persona de más edad en el espacio El astronauta John Glenn tenía 77 años al embarcarse en la misión STS-95 del transbordador de la NASA en 1998.

El primero en pisar la Luna El astronauta Neil Armstrong pisó la Luna el 21 de julio de 1969.

Doce personas han caminado en la Luna, pero ninguna ha repetido el viaje.

¿ASTRO O COSMO?

El término «astronauta» viene de la palabra griega *astron* (estrella). A los astronautas rusos se los conoce como cosmonautas, del griego *cosmos* (universo). En la imagen, el cosmonauta ruso Yuri Malenchenko (izquierda) y el astronauta estadounidense Edward Lu.

E. ALDRIN

EL HOMBRE EN LA LUNA

El 21 de julio de 1969 la misión Apollo 11 convirtió a Neil Armstrong y Buzz Aldrin en los primeros hombres en caminar sobre la Luna. Armstrong tomó esta foto de Aldrin (su reflejo se ve claramente en el visor del casco espacial de Aldrin). Ambos pasaron unas dos horas y cuarto en la superficie lunar.

Como un **cohete**

Desde **satélites** hasta **transbordadores**, hemos enviado mucho **material de alta tecnología** al espacio. ¿Pero cuál fue el **primero** o el **más rápido** y cuál ha llegado **más lejos**?

Primer satélite artificial
El satélite ruso *Sputnik 1*, del tamaño de una pelota de baloncesto, emitió señales de radio desde una órbita baja terrestre durante 21 días en 1957.

Primera nave tripulada
Con 108 minutos en el espacio en abril de 1961, el *Vostok 1* realizó una órbita alrededor de la Tierra con el cosmonauta soviético Yuri Gagarin a bordo.

La velocidad de lanzamiento más rápida
En 2006, la sonda *New Horizons*, diseñada para volar cerca de Plutón, realizó el lanzamiento más rápido a una velocidad de 58 536 km/h, más de 16 km por segundo.

El primer cohete en el espacio
Este proyectil de la Segunda Guerra Mundial, un misil alemán V-2 llegó a una altura de 176 km durante una prueba de lanzamiento en 1944.

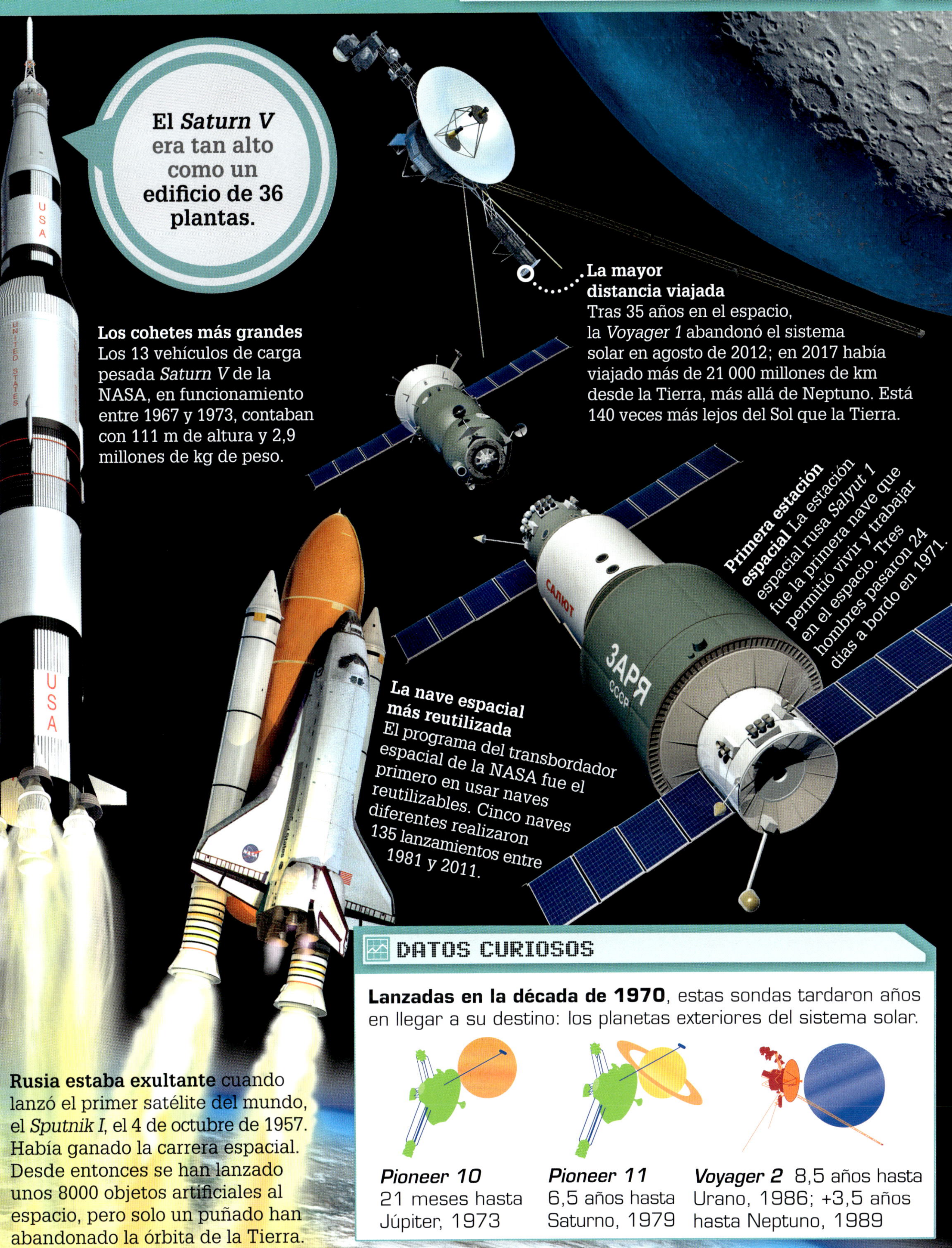

El *Saturn V* era tan alto como un edificio de 36 plantas.

Los cohetes más grandes Los 13 vehículos de carga pesada *Saturn V* de la NASA, en funcionamiento entre 1967 y 1973, contaban con 111 m de altura y 2,9 millones de kg de peso.

La mayor distancia viajada Tras 35 años en el espacio, la *Voyager 1* abandonó el sistema solar en agosto de 2012; en 2017 había viajado más de 21 000 millones de km desde la Tierra, más allá de Neptuno. Está 140 veces más lejos del Sol que la Tierra.

Primera estación espacial La estación espacial rusa *Salyut 1* fue la primera nave que permitió vivir y trabajar en el espacio. Tres hombres pasaron 24 días a bordo en 1971.

La nave espacial más reutilizada El programa del transbordador espacial de la NASA fue el primero en usar naves reutilizables. Cinco naves diferentes realizaron 135 lanzamientos entre 1981 y 2011.

Rusia estaba exultante cuando lanzó el primer satélite del mundo, el *Sputnik I*, el 4 de octubre de 1957. Había ganado la carrera espacial. Desde entonces se han lanzado unos 8000 objetos artificiales al espacio, pero solo un puñado han abandonado la órbita de la Tierra.

DATOS CURIOSOS

Lanzadas en la década de 1970, estas sondas tardaron años en llegar a su destino: los planetas exteriores del sistema solar.

Pioneer 10 21 meses hasta Júpiter, 1973

Pioneer 11 6,5 años hasta Saturno, 1979

Voyager 2 8,5 años hasta Urano, 1986; +3,5 años hasta Neptuno, 1989

Estación espacial **sensacional**

Desde **1998**, la Estación Espacial Internacional (**ISS**) y sus **astronautas** a bordo han **superado** una serie de **récords** en el espacio.

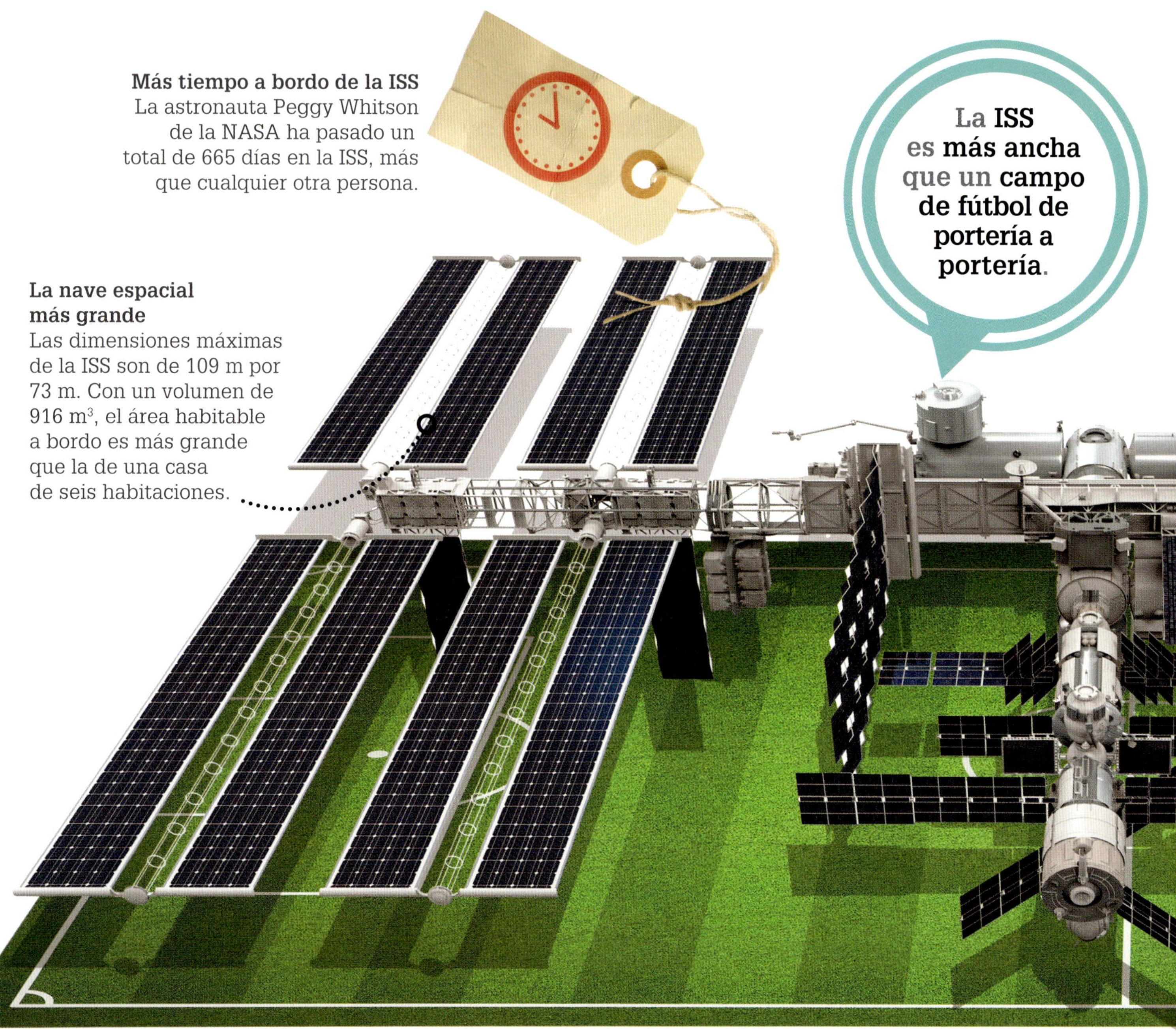

Más tiempo a bordo de la ISS
La astronauta Peggy Whitson de la NASA ha pasado un total de 665 días en la ISS, más que cualquier otra persona.

La ISS es más ancha que un campo de fútbol de portería a portería.

La nave espacial más grande
Las dimensiones máximas de la ISS son de 109 m por 73 m. Con un volumen de 916 m^3, el área habitable a bordo es más grande que la de una casa de seis habitaciones.

La primera sección, o módulo, de la ISS se lanzó en noviembre de 1998. Al cabo de dos años los primeros astronautas ya pudieron vivir y trabajar a bordo. Tras añadir más módulos, como laboratorios científicos, paneles solares y brazos robóticos, la obra se dio por acabada en 2011. En 2016 volvieron a empezar las obras en vistas a poder recibir más módulos en los próximos años.

DATOS CURIOSOS

La primera estación espacial, *Salyut 1*, salió de Rusia en 1971. Además de ser más pequeña que la ISS, pasó menos tiempo en el espacio: tan solo 175 días. Realizó 2929 órbitas a la Tierra antes de destruirse de manera intencionada.

Longitud: 20 m
Anchura: 4 m
Volumen: 99 m³

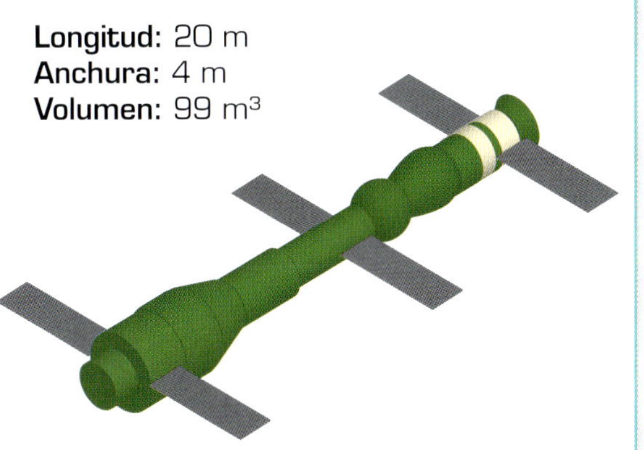

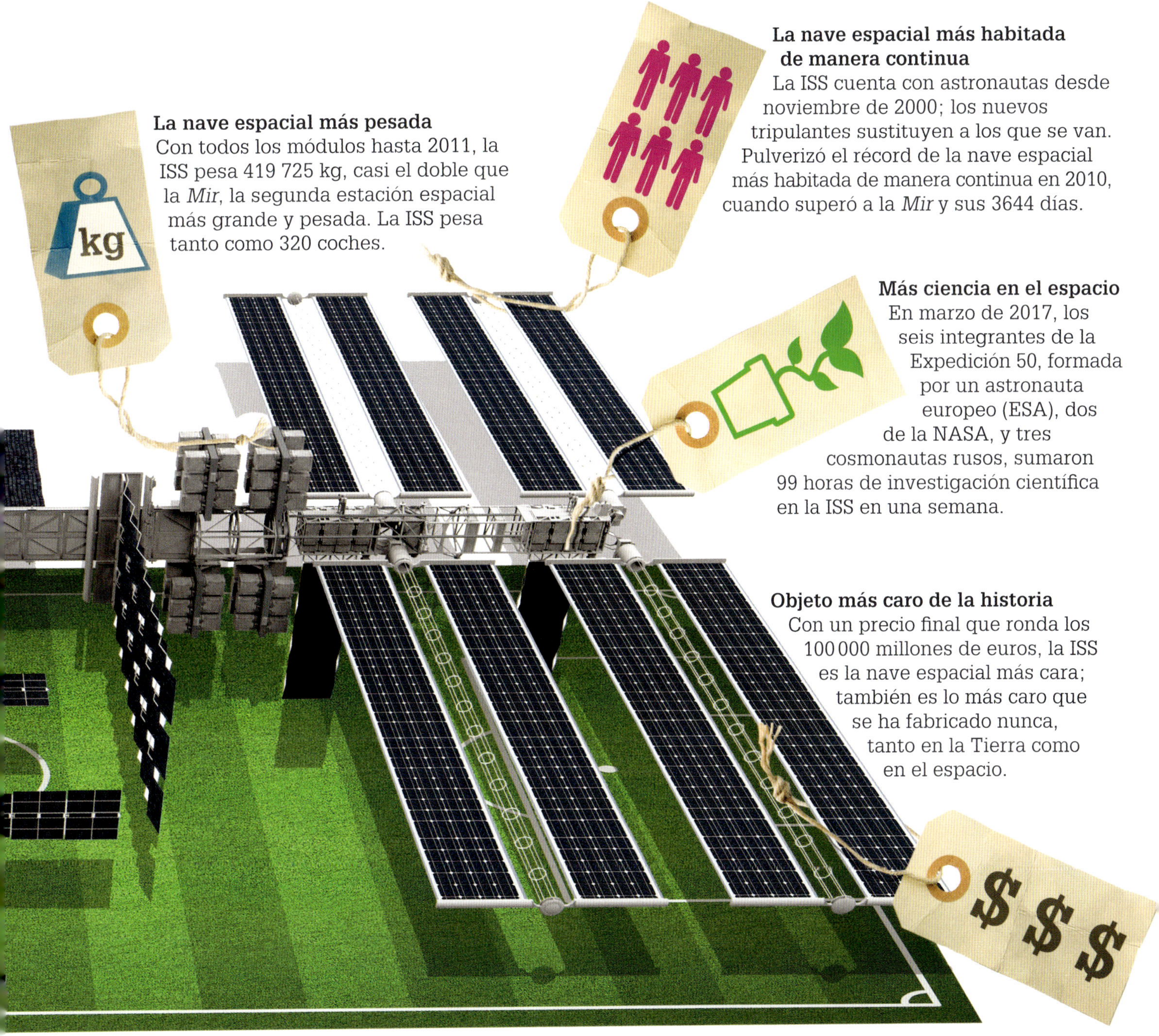

La nave espacial más habitada de manera continua
La ISS cuenta con astronautas desde noviembre de 2000; los nuevos tripulantes sustituyen a los que se van. Pulverizó el récord de la nave espacial más habitada de manera continua en 2010, cuando superó a la *Mir* y sus 3644 días.

La nave espacial más pesada
Con todos los módulos hasta 2011, la ISS pesa 419 725 kg, casi el doble que la *Mir*, la segunda estación espacial más grande y pesada. La ISS pesa tanto como 320 coches.

kg

Más ciencia en el espacio
En marzo de 2017, los seis integrantes de la Expedición 50, formada por un astronauta europeo (ESA), dos de la NASA, y tres cosmonautas rusos, sumaron 99 horas de investigación científica en la ISS en una semana.

Objeto más caro de la historia
Con un precio final que ronda los 100 000 millones de euros, la ISS es la nave espacial más cara; también es lo más caro que se ha fabricado nunca, tanto en la Tierra como en el espacio.

$ $ $

TELESCOPIO GIGANTE

El telescopio óptico más grande del mundo es el Gran Telescopio Canarias (GTC) de Tenerife, en las Canarias, España. Tiene una apertura de 10,4 m y 36 paneles reflectantes para capturar y enfocar la luz visible del espacio.

Durante las pruebas, **el FAST** detectó **dos púlsares** (estrellas giratorias de neutrones).

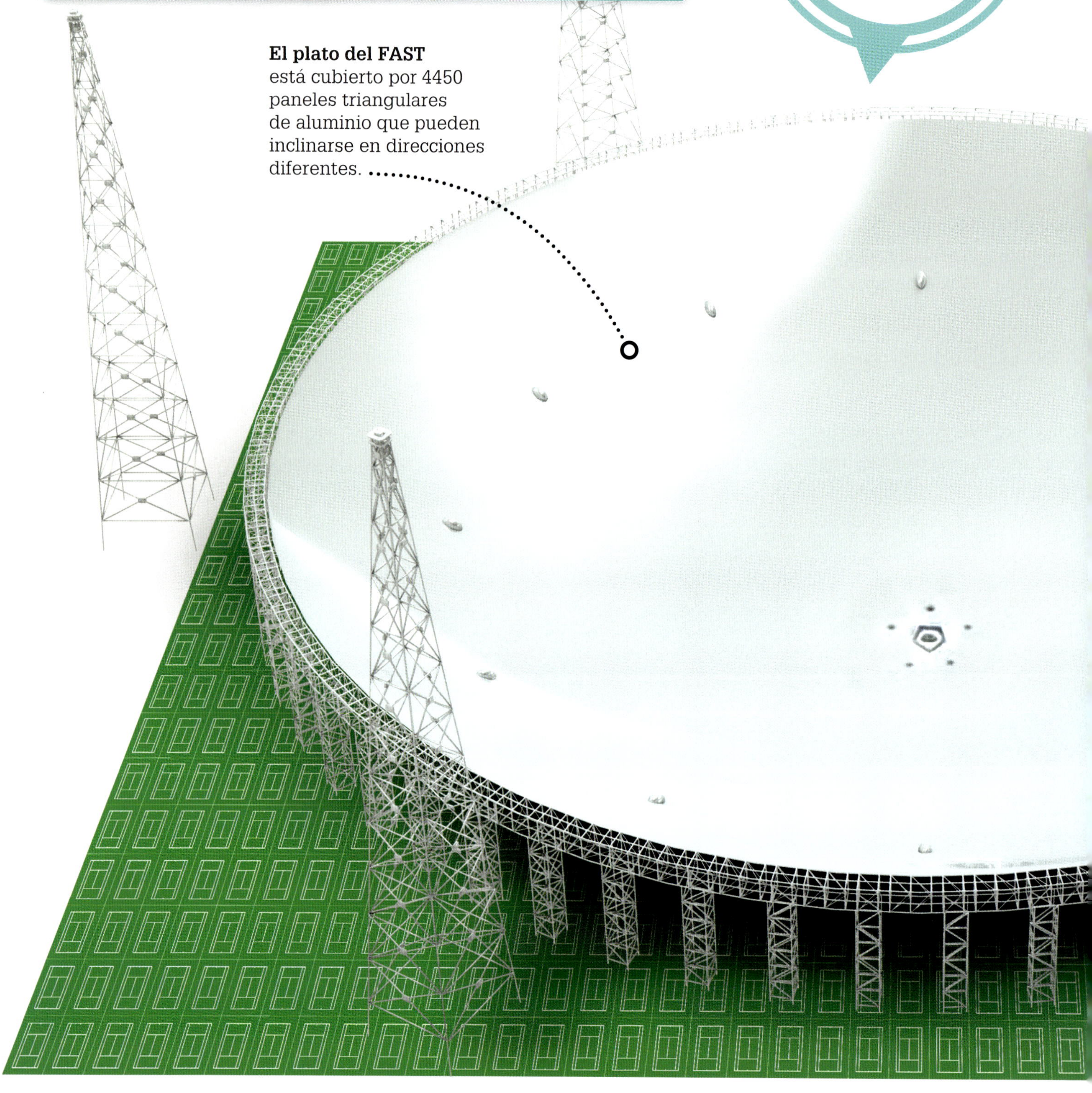

El plato del FAST está cubierto por 4450 paneles triangulares de aluminio que pueden inclinarse en direcciones diferentes.

Un enorme **plato**

El **telescopio más grande del mundo** es el telescopio esférico de quinientos metros de apertura (**FAST, por sus siglas en inglés**) de China. Como indica su nombre, su plato mide unos increíbles **500 m** de ancho.

Una pista de tenis estándar mide 23,77 m de largo y 10,97 m de ancho. El plato del telescopio FAST mide lo mismo que 21 pistas de tenis de largo y 45,5 pistas de ancho; harían falta 753 pistas de tenis para cubrirlo entero.

El FAST se completó en 2016 para que los astrónomos pudieran estudiar el universo, incluidos los agujeros negros, las ondas gravitacionales y las señales de vida extraterrestre. Un radiotelescopio como el FAST usa un gigantesco plato para captar ondas de radio del espacio. Este tipo de telescopio puede ser más útil que los telescopios ópticos porque las ondas de radio se detectan con independencia del tiempo o la hora.

El espacio

GRAN MURALLA

Lo más grande del universo es la **Gran Muralla de Hércules-Corona Boreal**. No es una pared física, sino quizá un supercúmulo galáctico de estrellas. Mide de promedio entre **6 y 10 mil millones** de años luz y contiene millones de galaxias.

PASEOS ESPACIALES

12 MINUTOS: DURACIÓN DEL PRIMER PASEO (ALEXEI LEONOV, 1965)

8 HORAS, 56 MINUTOS: EL PASEO ESPACIAL MÁS LARGO (JIM VOSS Y SUSAN HELMS, 2001), MÁS DE **44 VECES** EL TIEMPO DEL PRIMER PASEO.

TAMAÑOS EN EL **ESPACIO**

Si el **SISTEMA SOLAR** pudiera encogerse para que cupiera en la palma de la mano, **el SOL** sería más pequeño que **un grano de arena**. En la misma escala, la **VÍA LÁCTEA** tendría el **tamaño de Norteamérica**.

LA ISS EN CIFRAS

13 KM
DE CABLES ELÉCTRICOS A BORDO

52 ORDENADORES
CONTROLAN LOS **SISTEMAS DE LA ISS**

42 VUELOS
PARA COMPLETAR **LA ISS**

2500 M²
DE PANELES SOLARES
PARA OBTENER ENERGÍA

TIEMPO PLANETARIO

MERCURIO TIENE EL DÍA MÁS LARGO, EQUIVALENTE A 176 DÍAS TERRESTRES.

JÚPITER TIENE EL DÍA MÁS CORTO: **9 HORAS** Y **56 MINUTOS**.

NEPTUNO TIENE EL AÑO MÁS LARGO, TARDA **164,8 AÑOS TERRESTRES** EN REALIZAR UNA ÓRBITA ALREDEDOR DEL SOL.

MERCURIO TIENE EL AÑO MÁS CORTO DE TODOS LOS PLANETAS: **87,9 DÍAS**.

87,9 DÍAS

PASAPORTE A LOS PLANETAS

La **PRIMERA NAVE ESPACIAL** MÁS ALLÁ DE LA TIERRA

LUNAS MEMORABLES

ENCÉLADO

El cuerpo **MÁS REFLECTOR** del espacio, refleja más del **90 %** de la energía que recibe de la **luz del Sol**.

MIRANDA

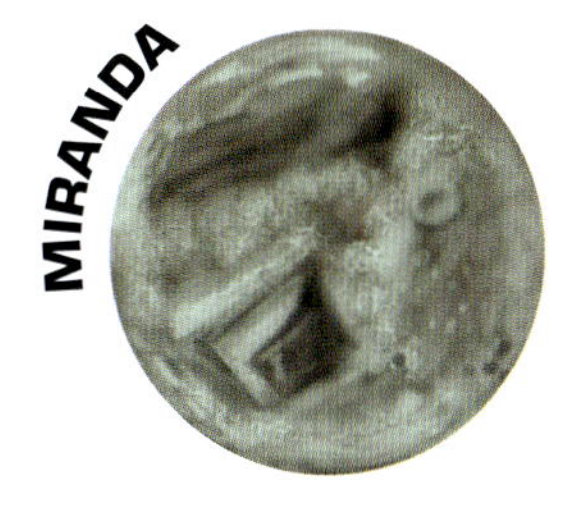

Morada del **MAYOR ACANTILADO** del **sistema solar**. Se cree que la caída de Rupes es de **5-10 KM**.

NESO

La **LUNA MÁS ALEJADA** de su planeta: orbita a una media de **49,5 millones de km** de Neptuno.

FOBOS

La **LUNA MÁS CERCA** de su planeta, a **5980 km** de **MARTE**: **66 veces más cerca** que nuestra Luna y la Tierra.

VELOCIDAD EN EL ESPACIO

LO MÁS RÁPIDO **QUE UN HUMANO** HA VIAJADO **JAMÁS ES A**

39 897 km/h

FUE LA **TRIPULACIÓN** DEL ***APOLLO** 10* AL VOLVER A LA **TIERRA** TRAS **ORBITAR LA LUNA** EN 1969.

ÍNDICE

AGRADECIMIENTOS

Dorling Kindersley quiere agradecer: a Andrea Mills por su asistencia editorial; a Hazel Beynon por la revisión de los textos, y a Helen Peters por el índice.

Los editores agradecen a los siguientes su permiso para reproducir sus fotografías:

(Clave: a: arriba; b: bajo, debajo; c: centro; e: extremo; i: izquierda; d: derecha; s: superior)

4 Alamy Stock Photo: CNP Collection (cdb); Xinhua (cia). **Depositphotos Inc:** CogentMarketing (cdb/ Frame). **Dreamstime.com:** Michael Drager (cdb/ Throne). **Getty Images:** Antonio Scorza / AFP (cda). **Rex by Shutterstock:** Sipa Press (ca). **5 Getty Images:** Anna Shtraus Photography (si); Joel Sartore (sc). **NASA:** (sd); JPL / DLR (bd). **6 Alamy Stock Photo:** Xinhua. **8 Dreamstime.com:** Dita Nemcova (cd). **9 Alamy Stock Photo:** Jeffrey Miller (cb); Navapon Plodprong (cda). **Dreamstime.com:** Genadijs Zelenkovecs (cia). **Getty Images:** Subhendu Sarkar / LightRocket (ca). **Science Photo Library:** Sputnik (cib). **11 Getty Images:** d3sign (sd). **12-13 Getty Images:** Ansonmiao. **18-19 TurboSquid:** Alex_BY (cb); everlite (Rubble B). **18 Alamy Stock Photo:** Cultura Creative (RF) (cib). **19 TurboSquid:** 3degestar (ci). **20 Alamy Stock Photo:** Stephen Barnes (i). **Depositphotos Inc:** lkpro (d); Nyker (c). **21 Alamy Stock Photo:** Juniors Bildarchiv GmbH (d). **Depositphotos Inc:** Goinyk (i). **22-23 Getty Images:** Buena Vista Images. **27 123RF.com:** Dmytro Nikitin (c). **28 Getty Images:** NASA / Earth Observatory / Handout / Corbis (cib). **34 Rex by Shutterstock:** Sipa Press. **36 Alamy Stock Photo:** CNP Collection (cda); DPA picture alliance (cia); Newsphoto (cdb). **Depositphotos Inc:** CogentMarketing (marco). **Dreamstime.com:** Michael Drager (trono). **Getty Images:** Dubber / ullstein bild (c). **37 Alamy Stock Photo:** Icelandic photo agency (cd). **Depositphotos Inc:** Albund (podio). **Getty Images:** Murali / Pix Inc. / The LIFE Images Collection (ca); Jorge Rey (cia). **38 Alamy Stock Photo:** AF archive (c); Glasshouse Images (cib); Pictorial Press Ltd (cb). **38-39 Depositphotos Inc:** Mayakova (palomitas); TitoOnz (fondo). **39 Alamy Stock Photo:** AF archive (ci, c); Pictorial Press Ltd (cia); Photo 12 (ca); Robertharding (cib). **45 Getty Images:** Jeff Pachoud / AFP (sd). **46-47 Royal Geographical Society:** Alfred Gregory. **49 Alamy Stock Photo:** Marka (si). **50 Alamy Stock Photo:** Granger Historical Picture Archive (ci). **Getty Images:** Bettmann (cib); Mondadori Portfolio (sc); Universal History Archive / UIG (sd). **50-51 Alamy Stock Photo:** Antiqua Print Gallery. **Depositphotos Inc:** PicsFive (fondo). **51 Getty Images:** Alexander Sentsov / ITAR-TASS (cb); US Navy / The LIFE Images Collection (c). **52 Alamy Stock Photo:** Paul Fearn (cd); Interfoto (cb). **Getty Images:** Bettmann (sd). **52-53 Alamy Stock Photo:** Antiqua Print Gallery (mapa). **Depositphotos Inc:** PicsFive (fondo). **53 Getty Images:** Corbis (si); Hulton-Deutsch Collection / Corbis (sd); Mark McDonald / MCT (cdb). **54-55 Dreamstime.com:** Daniel Domaski (fondo); Feng Yu (periódico). **55 Alamy Stock Photo:** Chris Hellier (cdb); WENN UK (cia). **Depositphotos Inc:** PicsFive (s); Stillfx (cd). **Dreamstime.com:** Axstokes (bd); Photka. **56 Getty Images:** Antonio Scorza / AFP. **58 Alamy Stock Photo:** Everett Collection Historical (ca). **60 Alamy Stock Photo:** Action Plus Sports Images (cda). **63 Alamy Stock Photo:** Aflo Co., Ltd. (bc). **64-65 TurboSquid:** onurozgen. **65 Getty Images:** Bettmann (bd). **66 Getty Images:** Vincenzo Pinto / AFP (cib); Mark Thompson (cia); Bettmann (ca); ISC Images & Archives (cb). **70 Getty Images:** Bettmann (cib). **72 Getty Images:** Andy Lyons (cib). **73 Getty Images:** Ian Walton (cdb). **75 Dreamstime.com:** Jerry Coli (ci). **Getty Images:** Bill Frakes / Sports Illustrated (c). **76-77 Getty Images:** Cameron Spencer. **80 Getty Images:** AFP (cda). **80-81 Getty Images:** Bettmann. **82 Getty Images:** Anna Shtraus Photography. **85 Getty Images:** Bettmann (cda). **87 Alamy Stock Photo:** Granger Historical Picture Archive (cdb). **90 Alamy Stock Photo:** WENN Ltd (bi). **92-93 TurboSquid:** Juan Montero. **93 123RF.com:** jvdwolf (sd). **Dorling Kindersley:** National Motor Museum Beaulieu (si). **Dreamstime.com:** Typhoonski (esi); Alex Zarubin (sc). **Getty Images:** Michael Cole / Corbis (esd). **94-95 Getty Images:** China Photos. **100-101 Getty Images:** NY Daily News Archive. **102-103 Getty Images:** Richard Juilliart / AFP. **104 Alamy Stock Photo:** NASA Image Collection (cib). **104-105 Alamy Stock Photo:** Agencja Fotograficzna Caro. **106 Depositphotos Inc:** Sepavone (cb). **Dreamstime.com:** Martin Kemp / Martink (cdb). **107 Depositphotos Inc:** Richie0703 (cdb). **iStockphoto.com** (cia); x-drew (cda). **108-109 Getty Images:** STR / AFP. **114 Getty Images:** Joel Sartore. **122-123 FLPA:** Martin Willis / Minden Pictures. **124 Alamy Stock Photo:** Elizabeth Masoner (cia). **137 Getty Images:** Patrick Dykstra / Barcroft Images / Barcroft Media (ca). **138 Dorling Kindersley:** Jerry Young (bi). **Dreamstime.com:** Isselee (sd); Studioloco (c). **139 Alamy Stock Photo:** Sabena Jane Blackbird (bc). **Dorling Kindersley:** E.J. Peiker (c). **Dreamstime.com:** Werayut Nueathong (cd). **144-145 Heyuan Dinosaur Museum**. **148-149 Getty Images:** Mark Widhalm / Field Museum Library. **160 NASA**. **162 ESA / Hubble:** Hui Yang (Universidad de Illinois) y NASA (cda); NASA (cb); NASA and the Hubble Heritage Team (STScI / AURA) (bc). **NASA:** ESO / L. Calçada (cdb); Goddard Space Flight Center (cib). **162-163 Depositphotos Inc:** Colors06. **163 ESA / Hubble:** NASA and the Hubble Heritage Team (STScI / AURA) (ecib, cd/ NGC 2174); NASA and The Hubble Heritage Team STScI / AURA (cib). **Getty Images:** Harald Ritsch / Science Photo Library (ci). **NASA:** ESA, Hubble Heritage Team (STScI / AURA) (cd); ESA, P. Oesch (Universidad de Yale), G. Brammer (STScI), P. van Dokkum (Universidad de Yale), y G. Illingworth (Universidad de California, Santa Cruz) (cdb). **164 NASA:** Johns Hopkins University Applied Physics Laboratory / Carnegie Institution of Washington (si); JPL (c). **164-165 NASA:** NOAA / GOES Project (c). **165 NASA:** HQ (bd). **166-167 NASA:** JPL-Caltech / MSSS. **168-169 NASA:** JPL-Caltech / SwRI / MSSS / Kevin M. Gill (b). **170-171 NASA:** ESA y Erich Karkoschka (Universidad de Arizona) (c). **172-173 NASA:** JPL / DLR (cb). **172 NASA:** Cassini Imaging Team, ISS, JPL, ESA (cb); JPL / DLR (bi, c). **173 NASA:** JPL / DLR (German Aerospace Center) (si). **174-175 NASA:** JHUAPL / SwRI (c). **174 ESO:** (sc). **NASA:** (ci); European Southern Observatory (c); ESA / JPL-Caltech (ca); E. Slawik (b). **175 Alamy Stock Photo:** Science Photo Library (sd). **NASA:** JPL-Caltech / UCLA / MPS / DLR / IDA (cdb). **177 Alamy Stock Photo:** SPUTNIK (bc). **178-179 NASA**. **182-183 Alamy Stock Photo:** Nerthuz (cb). **Depositphotos Inc:** Andrey_Kuzmin (b). **Dreamstime.com:** Luminis (Tag). **184 Dreamstime.com:** Inge Hogenbijl (si).